W0176695

Dr. Claudia E. Enkelmann ist Diplom-Psychologin, Autorin und bekannte Erfolgstrainerin; sie lernte bei den bekanntesten amerikanischen Beziehungsexperten. Seit mehr als zwanzig Jahren beschäftigt sie sich mit dem Geheimnis glücklicher Paare. Erfolgsinteressierte und Unternehmen schätzen ihre pragmatischen Beziehungs-Tipps, denn sie wissen: Eine starke Partnerschaft ist die beste Basis für berufliche Spitzenleistung.

Claudia E. Enkelmann

Mit Liebe, Lust und Leidenschaft zum Erfolg

Das einzigartige
Beziehungstraining
für eine erfolgreiche Karriere

WALHALLA Notizbuch

WALHALLA

Bibliografische Information der Deutschen Nationalbibliothek

Die Deutsche Nationalbibliothek verzeichnet diese Publikation in der Deutschen Nationalbibliografie; detaillierte bibliografische Daten sind im Internet über http://dnb.d-nb.de abrufbar.

WALHALLA Notizbuch
www.WALHALLA.de/Notizbuch
ISBN 978-3-8029-3977-8

Schnellübersicht

Schlüssel zu Glück und Erfolg

Die größten Philosophen der Geschichte haben das Streben nach Glück und Erfüllung erörtert. In den letzten Jahren haben wir noch mehr darüber erfahren: Der Schlüssel zum Glück heißt „unschlagbare Partnerschaften".

Gut 85 Prozent unseres Erfolgs beruhen auf der glücklichen Beziehung zu anderen Menschen. Gleichzeitig sind die meisten unserer Schwierigkeiten auf Probleme mit anderen zurückzuführen.

Entscheidend ist deshalb unsere Beziehung zu den Menschen, die wir lieben und mit denen wir zusammenleben. Menschen in glücklichen Ehen und Partnerschaften sind vitaler, haben eine positivere Lebenseinstellung, sind aktiver und leben länger als Menschen, die allein oder in unglücklichen Beziehungen leben.

Dieses Buch ist eines der wichtigsten zu diesem Thema; und es wurde von einem äußerst intelligenten und dem einfühlsamsten Menschen geschrieben, den ich je kennen lernen durfte: Claudia Enkelmann hat sich über Jahre hinweg mit dem Studium von Beziehungen befasst. In diesem wundervollen Buch gibt sie Ihnen ein neues Verständnis dafür, wie Sie Ihre Partnerschaft glücklicher und erfüllter gestalten können – mit vielen praktisch umsetzbaren Tipps.

Dieses Buch sollte von Männern und Frauen gleichermaßen gelesen werden – und natürlich von Paaren. Jede Seite birgt wertvolle Einblicke, die Sie sofort umsetzen können, um die Qualität Ihrer Partnerschaft zu verbessern.

Ich habe einige tausend Bücher gelesen und Vorträge und Seminare vor über einer Million Menschen gehalten, auch vor 150 000 Teilnehmern aus Deutschland. Ich kann ehrlich sagen, dass dies eines der genussvollsten Bücher ist, das Sie je gelesen haben werden. Es kann Ihr Leben verändern. Ergreifen Sie die Chance!

Brian Tracy
Einer der international bekanntesten Erfolgs- und Management-Trainer, Bestseller-Autor

„Eine Ehe gleicht nicht dem sicheren Hafen, in den man einläuft. Es ist eine lebenslange Fahrt – ein lebenslanges Abenteuer – in teils ruhiger, teils stürmischer See und an jedem Tag muss man daran arbeiten, dass das Schiff seetüchtig bleibt und nicht vom Kurs abkommt."

Adelheid Heußner

Liebe macht erfolgreich!

Liebe Leserin, lieber Leser,

ich freue mich, dass Sie sich für dieses Buch entschieden haben, und wünsche Ihnen von ganzem Herzen, dass Sie ein noch erfolgreicheres Leben führen werden – ein Leben voller Liebe! Ihnen wünsche ich, dass Sie „glückliche Gestalterin" bzw. „glücklicher Gestalter" einer liebevollen und wunderschönen Zukunft werden und auch bleiben; lassen Sie sich von diesem Buch inspirieren und motivieren.

In den vergangenen zwanzig Jahren habe ich die Antworten auf die Frage gesucht, was eine glückliche Partnerschaft ausmacht. Auf der Suche nach Antworten bin ich einer Vielzahl beeindruckender Experten „in Sachen Liebe" begegnet, und ich bin sehr stolz darauf, dass ich dieses Wissen heute weitergeben darf.

Besonders viel habe ich in Amerika von Dr. John Gray lernen dürfen – dem Mann, der das Buch „Männer sind anders, Frauen auch" geschrieben und so einen gewaltigen Beitrag zum Verständnis von Männern und Frauen geleistet hat. Aber auch Dr. Ellen Kreidman, Laura Schlessinger, Barbara de Angelis und Steve Chandler haben mir unzählige Wege zu einer glücklichen Partnerschaft aufgezeigt. Nicht zu vergessen die wertvollen Arbeiten von Prof. Judith Wallerstein („Glückliche Ehen") und Prof. Deborah Tannen („Du kannst mich einfach nicht verstehen"). Alles Experten im Fach „Liebe", die uns helfen, miteinander glücklicher zu werden.

Die sinnzentrierte Logotherapie von Prof. Viktor E. Frankl ist ein entscheidender Grundstein meines Menschenbildes und die positive Familientherapie seiner Nachfolgerin Dr. Elisabeth Lukas eine wichtige Hilfe für den modernen Menschen.

Nicht zuletzt durfte ich fast täglich von den Erkenntnissen meines Vaters Nikolaus B. Enkelmann profitieren, der die Gesetze des Erfolges seit über 40 Jahren lehrt und lebt. Eines wird in all diesen Ansätzen deutlich: „Das Schicksal liegt in unserer Hand."

Sie finden in diesem Buch eine Fülle von Fragen und praktischen Übungen, ebenso eine Reihe sehr wertvoller Praxis-Tipps. Nehmen Sie sich die Zeit, die Fragen zu beantworten, und setzen Sie die für Sie persönlich wichtigen Tipps in die Tat um. Es geht nicht darum, dass Sie perfekt werden und alles ändern! Schon kleinste, dauerhafte Schritte führen zu großem Erfolg. Es lohnt sich – garantiert!

Einige – mir besonders – wichtige Gedanken werden sich im Laufe dieses Buches wiederholen: Das ist Absicht, denn es ist mein Wunsch, dass Sie diese Gedanken wirklich verinnerlichen und nicht nur überfliegen! Nur durch die ständige Wiederholung können Sie Ihr neues Wissen erfolgreich anwenden, so dass es sich zu einer neuen und positiven Gewohnheit verfestigt.

Gerade weil wir alle an das „Unternehmen Ehe" glauben, sollten wir uns über die zwei wichtigsten Menschen in unserem Leben noch mehr Gedanken machen. Es lohnt sich, in die Partnerschaft zu investieren und um sie zu kämpfen!

Achtung: Dieses Trainingsbuch will praktische Tipps und Anregungen für eine unschlagbare Partnerschaft vermitteln. Leserinnen und Leser, die sich mit dem Thema Liebe auf einem hohen intellektuellen Niveau beschäftigen möchten, und solche, die glauben, dass alles gut wird, wenn sich nur der andere ändert, werden an diesem Buch nicht viel Freude haben. Genauso wenig jene, die glauben, man müsse das ganze Thema viel ernster

Liebe macht erfolgreich!

darstellen. An manchen Stellen ist es wünschenswert, dass Sie ins Nachdenken kommen, an anderen, dass Sie schmunzeln und den Mut haben, über sich selbst zu lachen, aber auch sich selbst in Frage zu stellen.

Mein größtes Ziel ist, dass Sie sich mit Ihrem Partner besser verstehen. Handfeste Rezepte sind hier angesagt – denn wenn Sie wissen, was Sie falsch machen, dann wissen Sie noch lange nicht, was besser und richtiger ist.

Ihre *Claudia E. Enkelmann*
www.enkelmann.de

Praxis-Tipp:

Am meisten profitieren Sie von diesem Arbeitsbuch, wenn Sie sich Schritt für Schritt mit diesem Partnerschafts-Training vertraut machen. Dies betrifft vor allem die Übungen und die Selbstchecks „Prüfen Sie sich selbst", die nur eine persönliche Bereicherung darstellen, wenn Sie ehrlich mit sich selbst umgehen.

Erfolg ist kein Zufall

1

Nehmen Sie Ihr Leben selbst in die Hand

Im Leben eines Menschen gibt es eine Fülle von Entscheidungen, die seinen Lebensweg beeinflussen. Die zwei wichtigsten Entscheidungen, die jeder Mensch treffen muss, sind:

- der Beruf

- der Lebenspartner

Jeder Mensch muss einmal entscheiden, welcher Beruf zu ihm passt und mit welchem Partner er durch das Leben gehen will. Allzu viele Menschen überlassen diese Entscheidungen ihren Launen, anderen Menschen oder dem Zufall. Einige überlassen diese Entscheidungen auch ihrem Horoskop und wundern sich dann, wenn sie nicht glücklich und erfolgreich sind. Lieber stellen sie sich als Opfer ihrer Umstände dar und hoffen auf einen Lottogewinn oder warten ihr Leben lang auf einen Märchenprinzen, der sie ins Paradies führt.

Ich glaube, dass Sie zu den Menschen gehören, die ihre Zukunft nicht dem Zufall überlassen – sonst hätten Sie nicht dieses Buch gekauft. Es wird Ihnen dabei helfen, Ihr Leben noch bewusster zu gestalten und zu erleben. Die folgende Übung kann Ihnen helfen.

Prüfen Sie sich selbst
■ Wie definieren Sie Ihren Erfolg?
. . . .
. . . .
. . . .
■ Was ist für Sie beruflicher Erfolg?
. . . .
. . . .
. . . .

■ Was bedeutet für Sie privater Erfolg?

. . . .

. . . .

. . . .

Erfolgreiches Handeln führt zum gewünschten Ergebnis. In der Regel sind es Probleme, die auf dem Weg zum gewünschten Ergebnis im Wege stehen. Sie müssen diese Probleme lösen, um zum Ergebnis zu kommen.

Praxis-Tipp:

Was Sie lernen sollten, um im Leben erfolgreich zu sein, ist die Fähigkeit, Probleme zu lösen – beruflich wie privat. Denn ein gelungenes Leben ist ein erfolgreiches Leben – und ich möchte, dass Ihnen alles gelingt, was Sie sich vornehmen.

Erfolg ist kein Zufall, auch in der Liebe nicht!

Sie müssen für alles einen Einsatz bringen, Hindernisse und Probleme überwinden und um alles kämpfen. Ist Ihre Einsatzbereitschaft sehr groß, dann wissen Sie, wie wichtig Ihnen eine Sache wirklich ist! Leider haben die „Mythen der Liebe" den Menschen suggeriert, dass dies in der Liebe nicht der Fall sei, und so ist es nicht verwunderlich, dass die meisten Menschen sich nur am Anfang einer Beziehung engagieren und erwarten, dass sich der lebenslange Liebeserfolg von alleine einstellt.

Wichtig: Wenn Sie beruflichen Erfolg haben wollen, so werden Sie viel dafür tun müssen. Sie werden nicht irgendeinen Beruf ergreifen und sagen: Irgendwie wird das schon gehen, irgendwie schaffe ich das schon, irgendwie werde ich mein Geld schon verdienen, um mir eine schicke Wohnung, ein tolles Auto oder dies und das zu leisten. Nein, mit einer solchen Einstellung werden Sie keinen Erfolg haben! Das schaffen Sie nur, wenn Sie

- wissen, was Sie wollen

- bereit sind, sich dafür zu engagieren

- sich ständig weiterbilden und an sich arbeiten

- eine Fülle positiver Gewohnheiten entwickeln

- positiv mit sich und Ihren Mitmenschen umgehen.

Sicher haben auch Sie den großen Wunsch, im Privatleben glücklich zu sein? Wenn ja, dann können Sie viel dafür tun. Vielleicht wissen Sie, dass der anfängliche Rausch der Sinne, das Verliebtsein und der Gang zum Traualtar für eine lange glückliche Partnerschaft nicht ausreichen.

Achtung: Wenn Sie Ihre Liebe dem Zufall überlassen, dann kann aus Ihrem Traum schnell ein Albtraum werden. Leider glauben die meisten Menschen: Irgendwie wird unsere Partnerschaft schon funktionieren, irgendwie bekomme ich meinen Partner schon wieder dahin, wohin ich ihn haben will, irgendwie schaffe ich das schon.

Früher oder später tauchen aber Probleme auf, und Sie beginnen, an Ihrer Liebe zu zweifeln. Da die meisten nicht gelernt haben, Probleme zu lösen, resignieren sie und reichen schließlich die Scheidung ein. Dieser „private Konkurs" wird in der Gesellschaft inzwischen schon als Normalität angesehen; viel zu schnell begeben sich Mann bzw. Frau wieder auf die Suche nach einem neuen, großen Glück.

Warum Ihre Einstellung zu Liebe und Partnerschaft entscheidend ist

Enttäuschungen und Verletzungen bleiben oftmals zurück, und mit diesen „Altlasten" rutschen Sie blind in die nächste Katastrophe. Mit Ihren alten Verhaltensmustern werden Sie aber keine glückliche Partnerschaft „auf die Beine stellen". Nur wenn Sie erkennen, dass jeder Mensch liebesbedürftig ist, werden Sie damit beginnen, Ihr Verhalten zu ändern.

Sicherlich haben auch Sie schon oft darüber nachgedacht, warum es manchmal kriselt oder eine Partnerschaft scheitert. In der Regel bekommt man auf diese Frage als Antwort: „Der andere ist schuld. Wenn er oder sie sich nur ein bisschen anders verhalten würde, dann wäre alles wunderschön!" Doch glauben Sie mir: Das Verhalten des anderen ist nicht die Reaktion auf unser Verhalten – der andere ist das Spiegelbild unseres Verhaltens. Denn wenn Sie lachen, lacht auch der Spiegel zurück!

Praxis-Tipp:

Warum suchen Sie nur immer wieder die Schuld beim anderen und lehnen sich selbstgerecht zurück? Sie sollten wachsen und darum bemüht sein, Ihre einzigartige Persönlichkeit zum Strahlen zu bringen!

Gehören Sie jedoch zu den Menschen, die lieber stundenlang über Ihre Partnerschaft klagen, als etwas zu ändern – und zwar an sich – dann dürfen Sie sich auch nicht wundern, wenn Ihnen Ihr Leben immer weniger Freude bereitet. Jeder von uns kann selbst entscheiden, wie er sein Liebesleben gestalten möchte!

Wichtig: Erfolg im Beruf ist eine Sache – Erfolg in der Partnerschaft eine andere, denn hier sind meist viel mehr Gefühle und Unsicherheiten mit im Spiel! Es ist schlimm, wenn sich zwei erwachsene und sich liebende Menschen anschweigen, langweilen oder ständig streiten. Jedoch sollten Sie niemals vergessen, dass keine Macht der Erde diese zwei Menschen daran hindern kann, diesen unerträglichen Zustand zu ändern. Denn Erfolg ist kein Zufall – auf welchem Gebiet auch immer!

Checkliste: Erfolg ist kein Zufall

Sind Sie bereit,

- ständig an sich zu arbeiten und zu wachsen?
- eine fröhliche Partnerschaft zu führen?
- viel miteinander zu lachen – auch über sich selbst?
- den Partner mit kleinen Freuden zu überraschen?
- Ihrem Partner zuzuhören?
- einander zu loben und mit Streicheleinheiten zu verwöhnen?
- stets „Bitte" und „Danke" zu sagen?
- ganz bewusst liebevoll miteinander umzugehen?
- mit Freuden Ihre gemeinsame Zukunft zu planen?

Nehmen Sie sich bitte einige Minuten Zeit, um darüber nachzudenken, ob Sie diesen Punkten zustimmen können. Stellen Sie sich ganz bewusst die Frage, ob Sie bereit sind, all dies zu tun! Psychologische Studien haben gezeigt, dass glückliche Paare gelernt haben, ihre Probleme zu lösen, so dass sie nicht an einer Krise scheitern. Erstaunlicherweise berichteten diese erfolgreichen Paare übereinstimmend, dass sie mindestens eine große Krise überwinden mussten. Diese Partner waren bereit, sich zu engagieren und auf die Bedürfnisse ihres Partners einzugehen!

Prüfen Sie sich selbst

- Was haben Sie im letzten Jahr für die Qualität Ihrer Beziehung getan?

  . . . .

  . . . .

  . . . .

- Was haben Sie im letzten Monat für die Qualität Ihrer Beziehung getan?

  . . . .
  . . . .
  . . . .

- Was haben Sie gestern und heute für die Qualität Ihrer Beziehung getan?

  . . . .
  . . . .
  . . . .

Was hat die Liebe mit Ihrem Gehaltskonto zu tun?

Liebe macht nicht nur stark, sondern ebnet auch den Weg, schneller und effektiver das berufliche Ziel zu erreichen, was wiederum zur glückseligen Folge hat, dass das Bankkonto rascher wächst!

Es ist ein wunderbarer Erfolg, wenn Sie einen Partner haben, der Sie motiviert, Ihre Aufgabe voll und ganz akzeptiert, Sie aufbaut und Sie unterstützt, wo er nur kann. Das sollte aber keine Einbahnstraße sein, sondern immer für beide gelten!

Stellen Sie sich einmal vor, Sie sollten immer allein tanzen gehen. Würde Ihnen das Spaß machen? Könnten Sie sich damit anfreunden? Sicher nicht, denn Sie würden niemals so leichtfüßig über die Tanzfläche gleiten, als wenn Sie ein geliebter Mensch in den Armen hält.

Praxis-Tipp:

- Es gibt nichts Schöneres und Aufregenderes als ein Leben zu zweit – voller Zuneigung, Halt und unendlichem Vertrauen. Ein Leben, in dem Sie Hand in Hand in die Zukunft gehen!

- Ihre Partnerschaft wird von Tag zu Tag aufregender und wertvoller, wenn Sie bereit sind, sich gegenseitig zu unterstützen, und konzentriert zuhören.

Studien beweisen, dass Menschen, die in einer Partnerschaft leben, glücklicher und zufriedener sind. Ihre Persönlichkeit ist stärker, sie sind optimistischer und haben mehr Erfolg.

Die Ehe ist keine lebenslange Haft und kein Zwangsstraflager. Sie ist vielmehr ein genialer Trick, um Menschen zu einem Team zusammenzuschweißen. Jahrtausende war es nur durch diese starke Einheit von Mann und Frau möglich, dass die Spezie „Mensch" überlebte und nicht wie viele Tierarten ausstarb.

Eine stabile Beziehung vermittelt ungeheure Kraft und hilft, Stress abzubauen. Denn durch die emotionale Unterstützung des Partners tanken Sie Kraft, Mut und Zuversicht für die nächste Lebensetappe.

Vorteile glücklicher Beziehungen

Glückliche Partner …

- sind zufriedener und selbstbewusster

- haben viel weniger Kummer und Sorgen

- leben länger und gesünder

- können besser genießen

- haben mehr Zeit und innere Ruhe

- sind entspannter und gelassener

- haben mehr und erfüllteren Sex

- schlafen tiefer und besser

- bekommen die besseren Jobs

- sind kreativer

- sind disziplinierter und loyaler

- sind kompromissbereiter und kompetenter im Umgang mit Konflikten

- arbeiten konzentrierter und effizienter

- werden schneller und häufiger befördert

- machen mehr und länger Urlaub

- bauen Stress schneller ab

- erreichen beruflich und gesellschaftlich höhere Positionen

- sind wohlhabender

- lachen mehr

Die unzähligen Nachteile und Risiken des Single-Daseins an dieser Stelle aufzulisten macht keinen Sinn, da die Vorteile glücklicher Beziehungen überwältigend sind. Singles werden doppelt und dreifach bestraft – und das, obwohl auch sie sich nach Liebe, Lust und Leidenschaft sehnen.

Praxis-Tipp:

Es ist ein wunderbares Gefühl zu wissen, dass der Partner hinter einem steht und hilft bzw. Sie tröstet und unterstützt, wenn es nötig ist. Sie werden dadurch beruflich viel sicherer, erfolgreicher und gewinnen mentale Stärke!

Erfolg in der Partnerschaft – die beste Basis für Ihren beruflichen Erfolg

Je besser Sie Ihre Partnerschaft gestalten, umso leichter wird es Ihnen fallen, die Herausforderungen des Lebens zu meistern. Das Leben ist nicht immer fair, und häufig brauchen Sie für Schicksalsschläge gewaltige Kraft, um nicht an ihnen zu zerbrechen. Gerade in diesen Momenten ist die Liebe eines Partners durch nichts zu ersetzen.

Alle Erfolgssysteme empfehlen, sich einen Lebenspartner zu suchen, einen Menschen, mit dem man die gleichen Wünsche und Ziele hat; sie raten alle dazu, sich den anderen sehr genau anzuschauen und sich auch von seinem Verstand leiten zu lassen: Passt der/die andere zu mir? Haben wir gemeinsame Ziele? Ist der/die andere bereit, mich aktiv zu unterstützen? Wenn ja, wie? Bin ich bereit, den anderen aktiv zu unterstützen?

Wichtig: Haben Sie sich von ganzem Herzen für den Partner entschieden, so sollten Sie Ihr Versprechen auch halten, gemeinsam durch „dick und dünn" zu gehen und nichts unversucht lassen, um mit Liebe, Lust und Leidenschaft zu leben.

Brain Tracy, einer der bekanntesten Erfolgstrainer der Welt, sagte in einem gemeinsamen Gespräch, dass die meisten Partnerschaften heutzutage scheitern, weil die Menschen nicht mehr bereit sind, sich festzulegen. Die Menschen sind nicht bereit, sich zu etwas zu verpflichten, denn sie möchten jederzeit das Gefühl der Freiheit haben, um – ohne Rücksicht auf andere – tun und lassen zu können, was sie wollen. Dieses Gefühl der Freiheit kann jedoch sehr schnell umkippen in ein Gefühl der Leere und der Sinnlosigkeit der eigenen Existenz.

Praxis-Tipp:

Eine erfolgreiche Partnerschaft beginnt mit dem festen und freiwilligen Entschluss sowie der gemeinsamen Entscheidung: Wir sind ein Paar – wir werden gemeinsam unseren Weg gehen! Du und kein anderer! – Wer hierzu ja sagt, erteilt gleichzeitig allen anderen Möglichkeiten (das heißt, allen anderen potentiellen Partnern) eine deutliche Absage!

Achtung: Es gibt kein Erfolgssystem, das den Lesern empfiehlt, sich alle paar Jahre einen neuen Partner zu suchen und möglichst vielen Versuchungen auf dem Wege zu erliegen.

Manchmal fühlt sich der eine Partner vernachlässigt, da der andere Partner seinem Beruf sehr viel Zeit widmet. Bedenken Sie aber, dass das Leben mit einem erfolgreichen Partner mit Sicherheit leichter ist als mit einem erfolglosen! Denn ein erfolgreicher Partner ist wesentlich liebevoller und ansprechbarer als ein verbitterter und deprimierter, der das Gefühl hat, ein Versager zu sein.

Das Geheimrezept glücklicher Paare

Wie oft haben Sie schon gehört oder gelesen, dass Paare, die immer fest zusammenhalten, alle Höhen und Tiefen gemeinsam erleben und immer darauf achten, dass sie sich gegenseitig nicht verletzen, sondern liebevoll und respektvoll miteinander umgehen, auch sehr erfolgreich in ihren Berufen sind, es sogar zu Höchst- bzw. Glanzleistungen bringen? Dies ist verständlich, denn nicht nur die Liebe – auch der Erfolg macht stark! Haben Sie Erfolg, sind Sie ein Siegertyp, verdienen mehr Geld, sind unabhängiger, bekommen mehr Aufmerksamkeiten und Streicheleinheiten, können sich mehr leisten – diese Situation macht jeden Menschen selbstbewusster!

Andere werden Sie beneiden und fragen: „Wie macht ihr das nur?" Wenn man das Geheimrezept kennt, ist es ganz einfach, damit umzugehen und es zu kopieren. Entscheidend jedoch ist, wie groß der Wunsch ist, ein erfolgreiches Leben zu führen, und wie groß Ihr Mut ist, einen etwas anderen Weg zu gehen.

Achtung: Das 21. Jahrhundert wird das Jahrhundert der Paare, so die Prognose der bekannten Zukunftsforscherin Faith Popcorn: Die Zahl der Trennungen wird langfristig sinken, denn die Menschen haben begriffen, dass eine feste Partnerschaft ihnen das bietet, wonach sie sich sehnen: Stabilität, Geborgenheit und Vertrauen – ein Leben voller Liebe, Lust und Leidenschaft.

Was ist für Sie wertvoll?

Wissen ist jedoch nur dann Macht, wenn Sie es zu Ihrem Vorteil nutzen. Bitte überlegen Sie deshalb, welche drei Gedanken – Ihre drei Diamanten – der vorangegangenen Seiten für Sie persönlich wichtig waren. Bitte schreiben Sie Ihre drei Diamanten auf:

- . . . .
- . . . .
- . . . .

Ehe und Partnerschaft auf dem Prüfstand

2

Was ist heute anders, was hat sich verändert?

In uns ticken immer noch die Gene unserer Ahnen – ob wir wollen oder nicht! Die Steinzeit, in der die Frau die Hüterin des sozialen Zusammenhalts war, sich um den Nachwuchs und die Pflege der Beziehungen kümmerte und der Mann als Jäger und Krieger seine Sippe nach außen vertrat, haben wir zwar weit hinter uns gelassen, doch die Verhaltensprogramme von damals sind in unseren Gehirnen immer noch aktiv.

Verhaltensforscher, Verhaltensbiologen und Ethnologen sind davon überzeugt, dass wir immer noch so funktionieren wie in der Steinzeit. Was seit jeher die Partnerwahl und Attraktivität bestimmt hat, sind optimale „Brutpflege-Voraussetzungen": die Weitergabe der Gene und hohe Überlebenschancen der Kinder. In der Steinzeit musste die Frau erkennen, ob der Mann der optimale Vater für ihre gemeinsamen Kinder ist – das heißt, ob der Mann die Frau und die Kinder beschützen und versorgen kann, also: großer Jagderfolg.

Heutzutage wird immer noch gejagt, nur die Jagdbeute ist wirtschaftliche Macht und ein sportliches Äußeres – denn das signalisiert Kraft, Sicherheit und Gesundheit. Dies sind Faktoren, die unbewusst bei der Partnerwahl eine ausschlaggebende Rolle spielen können.

Die Zeiten haben sich gewandelt, doch die Menschen nicht!

Die Zeiten haben sich in den letzten 100 Jahren enorm gewandelt. Die Frauen haben erfolgreich für ihre Freiheit gekämpft und haben dafür mehr berufliche Möglichkeiten bekommen, als sie je zuvor hatten. Der Preis für ihre Freiheit ist groß, denn nun fühlen sie sich nicht nur für das seelische Wohl der Familie verantwortlich und den häuslichen Pflegezustand, sondern stehen tagsüber noch ihren „Mann". Erschöpft und lustlos sinken sie am Abend ins Bett und sind darüber verärgert, dass ihr Partner ihnen nicht mehr Hausarbeit abnimmt. In Amerika spricht man inzwischen schon von den DINS: „double income – no sex" (doppeltes Einkommen, aber kein Sex).

Achtung: Nur langsam verändern sich die Verhaltensmuster der Bevölkerung. Es gibt jedoch Wege aus diesem Dilemma, die als „Spielregeln der Liebe und Partnerschaft" bezeichnet werden können.

Die Spielregeln der Liebe und Partnerschaft

Im Spiel um die Liebe ist vieles zu beachten. Schon das erste Rendezvous kann eine heikle Angelegenheit sein, denn wer hier einen Fehler macht, bekommt so schnell keine zweite Chance. Da reicht es oft schon, dass er zu unsicher oder zu stürmisch ist. Oder sie zu viel fragt, um so gleich am ersten Abend alles über ihn zu erfahren. Würde sie ihn herausfordern, um sicher zu sein, wie ernst seine Beziehungsabsichten sind oder ob er lediglich mit ihr schlafen möchte, könnte das „tödlich" für diese junge Beziehung sein. Diese und ähnliche Katastrophen sind allerdings nicht neu – so war es früher und so ist es auch noch heute!

Der griechische Philosoph Aristippos, ein Schüler des Sokrates, stellte Lust und Freude in den Mittelpunkt seiner Weltanschauung. „Sie liebt dich doch gar nicht!", wurde ihm einst vorgeworfen, als er mit der schönen Hetäre Lais Umgang pflegte. „Wein und Fisch lieben mich auch nicht", lachte Aristippos, „und doch genieße ich sie mit dem größten Vergnügen." Dass diese Aussage keine gesunde Grundeinstellung für eine gemeinsame Zukunft ist, liegt auf der Hand. Respektvolles Verhalten war in der Geschichte der Menschheit schon immer eine Basis für eine lebenslange und glückliche Beziehung – vor allem in einer Zeit, in der eine Trennung noch tabu war und die Eheschließung oftmals von anderen bestimmt wurde.

Ehe und Partnerschaft auf dem Prüfstand

Heute wird aus Verliebtheit geheiratet – und auf freiwilliger Basis, niemand schreibt mehr vor, wie lange man zusammenbleiben muss. Und gerade deshalb sollten Sie sich jeden Tag dafür einsetzen, eine liebevolle und stabile Beziehung zu gestalten und auch zu erhalten.

Die Menschen heutzutage wünschen sich weit mehr als den beruflichen Erfolg – sie spüren tief in ihrem Herzen die Sehnsucht nach Liebe, Geborgenheit und emotionaler Sicherheit. Sie suchen eine Heimat, einen Platz, an dem sie bedingungslos geliebt werden.

> **Praxis-Tipp:**
>
> Gehen Sie immer voller Respekt aufeinander zu, sagen und zeigen Sie Ihrem Partner sehr deutlich, dass Sie ihn lieben und respektieren. Dieser liebevolle und respektvolle Umgang miteinander ist ein Garant für eine glückliche Beziehung.

Weit war der Weg zu einer modernen und gleichberechtigten Partnerschaft!

Früher lebten die Menschen enger zusammen, sie fühlten sich unter dem Dach von Großeltern und Eltern geborgen, hielten fest zusammen und halfen sich gegenseitig, wo immer es angebracht und nötig war. Ob es nun die Nachbarn waren oder die Dorfbewohner allgemein – man kannte sich gut, wusste fast alles voneinander und war zur Stelle, wenn Not am Mann war! Kinder gleichen Geschlechts schliefen in einem Zimmer, erzählten sich vor dem Einschlafen noch ihre Erlebnisse des Tages – und mussten aufeinander Rücksicht nehmen!

Heute ist das (leider) nicht mehr so. Unser Wohlstandsdenken hat sehr vieles verändert, zum Beispiel hat jedes Kind sein eigenes Zimmer – oft sogar mit eigenem Fernseher, eigener Stereoanlage, eigenem Handy, Computer usw. Den Gedankenaustausch, das

Wir-Gefühl und die erzieherisch wertvolle gegenseitige Rücksicht-nahme bleiben hier oft auf der Strecke!

Die Menschen sind heute egoistischer geworden, jeder versucht, für sich das Beste aus allem herauszuholen – ohne Rücksicht auf den anderen. Dies ist natürlich keine gesunde Grundlage für das Gelingen von Partnerschaft. – Sicherlich sind Ihnen auch leidvolle Erfahrungen aus Ihrem Freundeskreis bekannt oder Sie mussten diese selbst machen. Hoffentlich ist es Ihnen nicht auch so ergan-gen wie einer Bekannten von mir: Sie heiratete einen Studenten, der sein Betriebswirtschaftsstudium gerade begonnen hatte. Beide verstanden sich prächtig und gingen zusammen durch „dick und dünn". Sie hatte einen guten Job in einer Werbeagen-tur und finanzierte den Lebensunterhalt. Selbstverständlich half sie ihm – neben Beruf und Haushalt –, wo immer sie konnte, und tippte auch seine Diplom-Arbeit. Alles lief bestens: Er war stolz darauf, nun Diplom-Kaufmann zu sein. Er bekam einen Super-Job und verdiente gutes Geld. Doch schon bald meldete sich ihr Ge-fühl: „Da stimmt doch etwas nicht!" – Und wie es die weibliche Intuition so an sich hat, täuschte sie sich nicht: Er hatte eine andere! Sie reichte die Scheidung ein, denn die Enttäuschung und der Schmerz waren einfach zu groß!

An dieser kleinen Geschichte können Sie erkennen, wie sehr der Mensch heute der Selbstverwirklichungsideologie anhängt: „Ich will Spaß haben und tun, was mir gefällt – egal, wie es den ande-ren dabei geht." Auch darum ist es wichtig, den richtigen Partner zu wählen.

Verantwortungsgefühl und Lebensverantwortung gehen „flöten"

Es fehlt vielerorts das Verantwortungsgefühl. War es früher selbstverständlich, dem anderen zu helfen, wenn er Probleme hatte, so bügelt man dies heute einfach weg mit den Worten: „Dafür kann ich doch nichts, das ist doch nicht mein Problem!"

Ist derjenige aber selbst einmal in einer brenzligen Situation, wundert er sich ganz bestimmt, wenn ihm keiner hilft!

Praxis-Tipp:

- Es ist nicht Ihre Aufgabe, dem anderen seine Probleme abzunehmen. Aber Sie sollten ihn ermutigen, seine Probleme zu meistern – ohne dass Sie sich dabei aufgeben und nur das tun, was andere von Ihnen erwarten.

- Sie sollten Ihr Leben so gestalten, dass es Ihnen gut geht und Sie sich wohl fühlen. Dies soll auf keinen Fall egoistisch klingen; doch erst dann, wenn Sie sich selbst glücklich machen, können Sie auch den Partner liebevoll unterstützen.

Was früher undenkbar, ja unmöglich war, ist heute fast selbstverständlich! Früher hat man sich geschämt, wenn man unterstützt wurde bzw. werden musste.

Heute lassen sich viele Menschen vom sozialen System unterstützen. Sie denken gar nicht mehr darüber nach, was und wie sie etwas ändern können, damit es ihnen besser geht. Es mangelt in der Tat an Einsicht, Mitverantwortung und Eigeninitiative. Würde sich aber jeder mehr Gedanken über seine Zukunft machen und sein Leben sinnvoller und verantwortungsvoller planen, dann ginge es allen besser!

Gezielte Familienplanung mit modernen Verhütungsmitteln

Auch das war früher undenkbar, ja sogar eine Schande! Hatte eine Frau ein uneheliches Kind, wurde sie schief angesehen und hatte es schwer im Leben. Und das Kind hatte es auch nicht einfach. Frauen, die früher ungewollt schwanger wurden, weinten nachts vor Kummer in ihre Kissen. Sie schämten sich nicht nur, dass ihnen „so etwas" passiert war, ja sie hatten regelrecht Angst davor, überhaupt darüber zu sprechen. Wenn sie in ihrer Familie keine Unterstützung fanden, war es schlecht um sie bestellt!

Heute kräht kein Hahn mehr danach, ob nun eine Frau allein erziehende Mutter sein will, den Vater geheim hält oder ihn gar
nicht heiraten möchte oder lediglich ein Kind von ihm haben
wollte – alles ist heute möglich. Oft allerdings zum Nachteil des
Kindes! Es ist nicht einfach für ein Kind, auf Sticheleien in der
Schule oder sogar schon im Kindergarten zu reagieren, z.B.: „Du
hast ja gar keinen Papa!"

Berufstätige Mütter und Väter – jeder macht beruflich das, was er will!

Das war früher undenkbar. Die Mutter gehörte einfach zu den
Kindern und war immer für sie da!

Bei allem Verständnis, dass die Frau den Wunsch hat, arbeiten zu
gehen und nicht nur für Kindererziehung und Haushalt zuständig
sein möchte, so muss es immer wieder erwähnt werden, dass
Kinder sehr darunter leiden, wenn sie die Liebe ihrer Eltern nicht
spüren.

Wichtig: Entscheidend für die positive Entwicklung der Kinder
ist, dass sie sich der Liebe, Zuwendung und dem Interesse der Eltern sicher sein können. Anteils- und Lieblosigkeit sind nicht das
richtige Wachstumsklima für Kinder. Inzwischen haben unzählige
Studien gezeigt, dass für die Entwicklung der Kinder nicht entscheidend ist, ob die Mutter arbeitet oder nicht, sondern ob sie
glücklich ist und sich über ihr Kind freut! Eine glückliche Mutter
ist eine gute Mutter, denn: „Eltern übertragen ihr Verhalten und
ihre Stimmungen auf ihre Kinder!" (Nikolaus B. Enkelmann)

Praxis-Tipp:

Je erfolgreicher Sie Ihr Leben meistern und je positiver Sie
durchs Leben gehen, umso weniger Sorgen müssen Sie sich
um die Zukunft Ihrer Kinder machen.

Prüfen Sie sich selbst

- Was ist an Ihrer Beziehung anders als an der Ihrer Eltern/
  Großeltern?

  . . . .
  . . . .
  . . . .

- Warum haben Sie geheiratet?

  . . . .
  . . . .
  . . . .

- Wenn Sie noch nicht verheiratet sind: Warum nicht?

  . . . .
  . . . .
  . . . .

Die Ehe heute

Niemals zuvor war in der Geschichte der Menschheit die Liebe als Hauptgrund zur ehelichen Gemeinschaft ein so entscheidender Faktor. Dank Kino glauben wir immer stärker an die vollkommene romantische Liebe, was sich später im Alltag oftmals als unrealistisch herausstellt. Denn es ist unrealistisch zu glauben, dass die Liebe nur groß genug sein muss, damit alles gut geht und der Partner einen immer glücklich macht.

Das Leben wird unerträglich, wenn man erwartet, dass es auf der Erde schon so schön sein muss wie im Paradies! Selbstverständlich können Sie alles daran setzen, paradiesische Träume wahr werden zu lassen. Doch wie Sie selbst wissen, liegt das Paradies nicht gerade um die Ecke, sondern ist weit entfernt und man muss allerhand dafür tun, um dorthin zu kommen.

Wichtig: Es gibt kein Leben ohne Probleme – und kaum haben Sie eines gelöst, dann taucht auch schon das nächste auf. Erfreulich ist jedoch, dass sich für gelöste Probleme – also auch erreichte Ziele und das Überwinden von Grenzen – als Belohnung Glücksgefühle einstellen.

An die Partnerschaft werden heutzutage hohe Glückserwartungen gestellt. Bei der ersten Krise wird schon das Handtuch geworfen und es kommt allzu rasch zur Scheidung. Irrsinnigerweise wird geglaubt, dass in der nächsten Partnerschaft alles ganz anders wird.

Frauen von heute

Die selbstbewussten Frauen von heute setzen sich durch, lassen sich das Zepter nicht mehr aus der Hand nehmen, sondern kämpfen für ihr eigenes Leben, für ihre innere Zufriedenheit, für ihr ganz persönliches Glück.

Sibylle Nicolai, ehemalige Moderatorin des ZDF-Magazins „Mona Lisa", hat in einem Interview mit der Berliner Morgenpost den „Kampf der Geschlechter" auf den Punkt gebracht:

„Frauen können heute, wenn sie wirklich wollen, bemerkenswerte Karrieren machen. Sie trauen es sich nur oft selbst nicht zu."

Mit der Emanzipation begann nicht gerade eine Ära der glücklichen und harmonischen Zweisamkeit. Der Kampf der Geschlechter hält bis zum heutigen Tage an, die „Verletzungen" und „Verluste" sind auf beiden Seiten Besorgnis erregend.

Achtung: Die Zukunftsfrau wird lernen müssen, wie man Männer erfolgreich motiviert und um den Finger wickelt. Warum? Damit langfristig beide glücklich miteinander werden.

Ehe und Partnerschaft auf dem Prüfstand

Noch gibt es viele allein stehende Karrierefrauen, in deren Lebensmittelpunkt die drei Ks stehen: Karriere, Katze, Konsum. Als Surrogat für eine liebevolle Partnerschaft wirken sie nur kurzfristig, und die stille Sehnsucht nach einer starken Schulter bleibt.

Aber das muss nicht so sein. Es sei denn, sie will sich und ihre Karriere immer in den Vordergrund stellen und demonstrativ jedem Mann beweisen, dass auch sie „ihren Mann" stehen kann – und dabei ganz vergessen, dass der Mann sich nach wie vor danach sehnt, gebraucht zu werden.

Die Frau ist heute in der Lage, einen Schlussstrich unter ihre Ehe zu ziehen, auch wenn sie noch keinen neuen „Beschützer und Versorger" gefunden hat. Der Mann dagegen trifft diese Entscheidung meist erst dann, wenn er bereits eine neue Partnerin erobert hat.

Männer von heute

Aber auch für die Männer ist es nicht leicht, denn ihre Aufgabe ist nicht mehr klar definiert. Der moderne Mann möchte ein guter Vater sein, doch die anspruchsvollen Berufe lassen dafür häufig sehr wenig Zeit! So ist auch er zwischen seinen Rollen hin- und hergerissen.

Sind Kinder im Spiel, sind auch die Konsequenzen und Entscheidungen gravierender.

In einer Studie, die von der Süddeutschen Zeitung veröffentlicht wurde, heißt es, dass es für den modernen Mann schwierig ist, am Arbeitsplatz die Wichtigkeit seiner Vaterpflichten herauszustellen. Warum das so ist, darauf geben die Befragten ungern eine ehrliche Antwort. Also können nur Vermutungen angestellt werden:

- Ist es ihnen peinlich?
- Haben sie Angst vor einem Prestigeverlust?

■ Oder davor, dass sie bei ihrem Chef oder bei den Kollegen als Pantoffelheld eingestuft werden, der sich nicht gegen seine Frau durchsetzen kann?

Einige haben gar Angst davor, dass ihre Karriere gefährdet sein könnte, weil sie Familienpflichten nachgehen.

Die neue Männergeneration, die schon lange zwischen den Stühlen von Familie und Arbeit sitzt, weiß längst Bescheid, dass sich ihre Partnerinnen nicht mehr damit begnügen, die Hemden zu bügeln und die Wohnung zu putzen. Bei diesen Männern hat sich das Rollenverständnis ziemlich gewandelt: Sie verhalten sich partnerschaftlich, sind familienorientiert und jünger als 40 Jahre.

Was die Balance zwischen Familie und Karriere so schwierig macht, ist, dass Vorbilder fehlen, die zeigen, wie dieser Balance- akt funktioniert. Es ist wirklich an der Zeit, dass die leistungs- stabilisierende Wirkung eines harmonischen Familienlebens und einer glücklichen Partnerschaft nicht nur erkannt wird, sondern auch gezielt gefördert wird. Hier sind insbesondere die Chefs, die Arbeitgeber, gefordert.*)

Hat die moderne Partnerschaft eine Zukunft?

Wird das „Jahrhundert der Frauen", das jetzt zuweilen prokla- miert wird, auch Männern die Chance geben, Familie und Beruf miteinander zu vereinbaren? Ja, wenn wir wieder lernen, als lie- bevolles Team zu leben. – Es besteht wohl kein Zweifel, dass hierüber auch für das kommende Jahrtausend reichlich Zündstoff vorhanden sein wird!

Inzwischen gibt es viele Männer, die darüber froh sind, dass sie eine berufstätige Partnerin haben, die sich selbst versorgen kann. Doch lässt die Frau ihren Partner spüren, dass sie sich allein be- haupten und durchsetzen will, nimmt das Dilemma häufig seinen Lauf und Verunsicherung macht sich in der Partnerschaft breit.

---

*) Abdruck mit freundlicher Genehmigung der Süddeutschen Zeitung

Praxis-Tipp:

Es gibt Paare, die anscheinend das Glück und die Liebe gepachtet haben, die glücklich sind – bis ins hohe Alter! Von diesen Menschen können Sie lernen, und wenn Sie den Mut haben, neue Wege zu gehen und positiv zu denken, dann werden auch Sie dieses Glück erleben. Öffnen Sie nicht nur Ihre Augen, sondern auch Ihr Herz.

Stellen Sie sich einfach die Frage: Was kann ich besser machen? Es geht hier nicht darum, Schuldige zu finden, sondern Lösungen.

Sie werden erleben, dass durch das aktive Lösen von Problemen mit der Zeit Ihre Partnerschaft intensiver, liebevoller, schöner, ja einfach himmlischer werden kann.

Wichtig: Zeigen Sie allen, wie glücklich Sie sind, gerade ihm bzw. ihr begegnet zu sein. Es ist sehr wichtig, dass jeder in der Partnerschaft wächst und wir das einzigartige Wesen des Partners nicht verkümmern lassen. Wenn Sie sich gegenseitig bekriegen, schaden Sie sich nicht nur selbst, sondern auch Ihrem Partner und Ihren Kindern.

Jedes neue Jahr, jedes neue Lebensjahrzehnt hat seine Reize, die das Abenteuer Liebe neu beleben.

Was ist für Sie wertvoll?

Wissen ist nur dann Macht, wenn Sie es zu Ihrem Vorteil nutzen. Bitte überlegen Sie deshalb, welche drei Gedanken – Ihre drei Diamanten – der vorangegangenen Seiten für Sie persönlich wichtig waren. Bitte schreiben Sie Ihre drei Diamanten auf:

- ....
- ....
- ....

Ist die Ehe ein Auslaufmodell?

Nein und nochmals nein! Eine gute Ehe beflügelt, macht stark, erhält die Gesundheit – gemeinsam ist man einfach zufriedener und stärker! Gerade in einer sich so rasch wandelnden Zeit brauchen die Menschen auch einen Ort der Ruhe, Stabilität und Geborgenheit – all dies kann eine Familie bieten. Hier und nur hier werden Sie für das geliebt, was Sie sind, und zwar auch dann, wenn Sie mal nicht so gut drauf sind oder krank werden.

Die Geschichte lehrt, dass wir soziale Wesen sind, die ohne menschliche Zuwendung nicht überleben können. Wir brauchen zum Überleben andere Menschen. Jeder Mensch hat gewisse Grundbedürfnisse, und schon immer benötigten wir die Hilfe und Unterstützung anderer Menschen, um unsere Bedürfnisse in jeder Hinsicht zu befriedigen. Gerade was unsere emotionalen Bedürfnisse betrifft, sind wir von anderen Menschen abhängig, das heißt, Menschen, die uns das Gefühl geben, gebraucht zu werden, die unsere Stärken beachten, uns loben und in deren Gesellschaft wir uns einfach wohl sowie geborgen fühlen.

Hoffnungen, Wünsche und Befürchtungen

Was treibt uns Menschen? Es sind unsere Hoffnungen, Wünsche und Befürchtungen, die unseren Handlungen Richtung geben, aber auch unsere grundlegenden menschlichen Bedürfnisse.

↑ 4. Stufe: Bedürfnisse, seinem Leben einen Sinn zu geben
↑ 3. Stufe: Emotionale Bedürfnisse
↑ 2. Stufe: Sicherheitsbedürfnisse
↑ 1. Stufe: Physiologische Bedürfnisse
Mensch

Dem stark vereinfachten Modell entsprechend hat jeder Mensch vier Grundbedürfnisse. Diese Bedürfnisse drängen darauf, befriedigt zu werden:

1. Stufe: Physiologische Bedürfnisse

2. Stufe: Sicherheitsbedürfnisse

3. Stufe: Emotionale Bedürfnisse

4. Stufe: Bedürfnisse, seinem Leben einen Sinn zu geben

In dem Modell stehen der Selbsterhaltungstrieb bzw. die körperlichen Bedürfnisse auf der untersten Stufe. Vereinfacht gesagt, geht es um Essen, Trinken, Schlafen, Sex – also das Überleben der eigenen Art. In der Regel drängen die untersten Bedürfnisse zuallererst auf Befriedigung. Das heißt, wenn Sie Hunger haben oder müde sind, denken Sie nicht an Ihr Sicherheitsbedürfnis oder an Ihre emotionalen Bedürfnisse.

Auf der zweiten Ebene haben Sie das Bedürfnis nach Schutz und Sicherheit. Früher ging es bei diesem Sicherheitsbedürfnis vor allem um den Schutz des eigenen Lebens und die soziale Sicherheit durch die Gemeinschaft. Heutzutage geht es primär um das Gefühl von finanzieller Sicherheit. Dieses Sicherheitsbedürfnis zu decken ist die Existenzgrundlage der meisten Finanzdienstleistungsunternehmen, wie Banken, Versicherungen usw., denn sie verkaufen Sicherheit und finanziellen Schutz.

Die dritte Stufe der Bedürfnispyramide deckt eine ganze Palette emotionaler und sozialer Bedürfnisse ab. Hier geht es um die tiefe Sehnsucht der Menschen, geliebt zu werden. Wichtig ist bei diesem Bedürfnis, dass jeder Mensch unter anderen Bedingungen das Gefühl hat, beliebt zu sein bzw. geliebt zu werden. Männer und Frauen unterscheiden sich in diesem Punkt sehr deutlich.

Achtung: Dieses Modell ist eine leicht abgewandelte Variante des bekannten Motivationsmodells des Psychologen A. Maslow.

Er bezeichnete die unteren drei Ebenen auch als Defizit-Bedürfnisse, das heißt, Sie verspüren einen Mangel auf diesen Ebenen und sind bemüht, ihn auszugleichen. Das oberste Bedürfnis ist das Bedürfnis nach Sinn. Dieser „Wille zum Sinn" bzw. das Bedürfnis, seiner eigenen Existenz einen Sinn zu geben, ist eines der stärksten Motive im Leben eines Menschen.

Welchen Sinn hat Ihr Leben?

Viele Menschen leiden in unserer Zeit an einem Gefühl der Leere und der Sinnlosigkeit. Es ist das große Verdienst von Viktor E. Frankl und seiner Logotherapie, die Bedeutung dieses Bedürfnisses erkannt zu haben.

Alle reden von der Selbstverwirklichung, doch das Erstaunliche ist, dass die meisten Menschen gar nicht wissen, wie man sich selbst verwirklichen kann.

Wichtig: Selbstverwirklichung ist nur dann möglich, wenn man seinem Leben einen Sinn gibt – besser gesagt: wenn Sie den Sinn Ihres Lebens entdecken. Nur ein Mensch, der glaubt, dass sein Leben einen Sinn hat, wird ein erfülltes und zufriedenes Leben führen.

Viele Menschen versuchen, dem Gefühl der Sinnleere zu entkommen, indem sie in den Konsumrausch flüchten und ihr Leben möglichst hektisch und laut gestalten. Auch die Flucht in die Sucht ist ein typisches Merkmal der Sinnleere eines Lebens.

Achtung: Den Sinn des eigenen Lebens zu finden ist wohl eine der schwierigsten Aufgaben, die wir Menschen zu erfüllen haben. Doch wir sollten uns dieser Aufgabe stellen, denn nur ein Mensch, der seinen Platz, der seine Lebensaufgabe gefunden hat, wird die ersehnte Zufriedenheit als Belohnung erhalten und sich selbst verwirklichen. Gerade dieses letzte Bedürfnis unterscheidet den Menschen vom Tier.

> **Praxis-Tipp:**
>
> Nur der Mensch hat die Kraft, bewusst zu denken, zu planen und zu gestalten. Nur er kann sich selbst und damit sein Schicksal sowie seine Zukunft gezielt beeinflussen. (Denkgesetz Nr. 1)

Sie erinnern sich: Früher brauchten die Frauen einen Partner, der sie ernährte, versorgte und beschützte. Sie brauchte ihn, um gemeinsam mit ihm Kinder zu zeugen und deren Überlebenschancen zu maximieren. Die Frau brauchte körperlichen und sozialen Schutz, das heißt, sie wollte sich um die Sicherheit ihrer Kinder nicht ständig Sorgen machen und Angst vor der Zukunft haben. Dabei spürten die Frauen aber sehr deutlich, dass sie sich auch nach Liebe sehnten – und ihre emotionalen Bedürfnisse drängen seither auf Befriedigung.

Der entscheidende Schritt zur heutigen Partnerschaft

Dieser Schritt ist nach Ansicht der New Yorker Anthropologin Helen Fisher in der Morgendämmerung der Menschwerdung unternommen worden – vielleicht vor rund vier Millionen Jahren, als sich unsere Vorfahren der Gattung Australopithecus in Ostafrikas Savannen entwickelten. „Es geschah damals", erzählt Helen Fisher, „als wir von den Bäumen stiegen und auf zwei Beinen aufrecht zu laufen begannen. Die Affenmenschen-Weibchen waren gezwungen, ihre Babys auf den Armen herumzutragen – im Gegensatz zu den heutigen Schimpansen, die noch viel auf Bäumen leben und bei denen sich die Jungtiere im Fell festklammern können." Weil unsere Vorfahren zur Nahrungssuche in der Savanne obendrein größere Strecken zurücklegen mussten als im Wald und in einer Welt voller kräftiger und schnell agierender Raubtiere lebten, waren sie auf gegenseitige Hilfe und Arbeitsteilung angewiesen. Über Tausende von Jahrhunderten entwickelte sich eine immer enger werdende Bindung und Abhängigkeit zwischen Frau und Mann, also eine Art Zweierbeziehung.

In engem Zusammenhang mit der Entstehung der Liebe ist eine physiologische Besonderheit des weiblichen Organismus zu sehen – die so genannte stille Ovulation, die sich vermutlich ebenfalls in der Australopithecus-Epoche ausprägte. Während die Läufigkeit von Menschenäffinnen als deutlich erkennbares Signal der Fortpflanzungsfähigkeit vorübergehend ganze Affenbanden auf die Palme bringen kann, ist bei Menschenfrauen die fruchtbare Phase des Eisprungs äußerlich nicht zu bemerken.

Um zum biologischen Erfolg zu kommen, waren die Urmenschen demnach zu häufigem Sex regelrecht gezwungen. Dabei kamen vor allem solche Männer zum Zuge, die „ihrem" Weibchen über eine längere Zeit nicht von der Seite wichen. So ist es nahe liegend, dass die Weibchen dabei Partner bevorzugten, von denen sie ihrerseits etwas erwarten konnten: Nahrung, Schutz, Zuwendung usw.

Die vor Jahrmillionen entstandene Kooperation von Frau und Mann beruht allerdings auf unterschiedlichen Leistungen. Um Kinder in die Welt zu setzen, mussten Menschenfrauen sehr viel investieren: neun Monate Schwangerschaft und eine Stillperiode, die gerade in der Urzeit lange währte, viel Kraft kostete und es erschwerte, für sich selbst und das Kind Nahrung zu suchen. Ganz anders dagegen war die Ausgangsposition der Männer: Der Zeugungsakt beanspruchte sie im Vergleich zum daraus resultierenden biologischen Erfolg herzlich wenig.

Da es die Lebensweise unserer Vorfahren nach Fishers Ansicht einem Mann kaum erlaubt hat, mehr als eine Frau nebst Kindern zu unterstützen, sie für sich zu beanspruchen und gegen Nebenbuhler abzuschirmen, sei die Monogamie die typische menschliche Bindungsform. Und Scheidungen waren ein Tabu.

Das änderte sich allerdings in den letzten Jahrzehnten durch einen starken wirtschaftlich-kulturellen Einfluss: Frauen, die ökonomisch unabhängig sind, lassen sich eher scheiden. Doch tief in ihrem Innern scheut die Frau sich vor einer Trennung, denn sie weiß genau, dass ein solcher Schritt tiefe Wunden hinterlässt. Also kämpft sie – leider meist mit den falschen Methoden – um ihre Liebe und ihr Glück!

> **Praxis-Tipp:**
>
> „Es kann schon mal ein halbes Jahrhundert dauern, bis man begreift, dass die Liebe kein Affentheater ist, sondern eine Anstrengung, sich mit einem anderen zu identifizieren, unter seine Haut zu schlüpfen und sich dadurch selbst zu finden."
> (George Tabori)

Wichtig: Paare, die ihre Liebe bewusst pflegen, mit ihr umgehen wie mit einer zarten Pflanze, die gut gedeihen soll, werden auch Liebe ernten. Darum gehen Sie liebevoll miteinander um und erfüllen Sie sich gegenseitig Ihre Wünsche.

Jahrtausende wurden die Männer darauf programmiert, möglichst erfolgreich zu sein – oder dies zumindest vorzugeben, denn die Partnerinnen erwarteten Schutz und Sicherheit. Über alle Generationen blieben seine Aufgabe und seine Rolle unverändert. Sein Auftrag lautete: „Ein guter Mann befriedigt die Bedürfnisse seiner Frau nach Überleben und Sicherheit. Tut er dies, so wird sie glücklich sein." Diese Rechnung geht heutzutage – zum Bedauern vieler Männer – nicht mehr auf.

Männer können bis zum heutigen Tage die beiden Bedürfnisebenen – Überleben und Sicherheit – am besten befriedigen, denn das haben sie von ihren Vätern und Großvätern gelernt. Aber es ist ein Trugschluss der Männer zu glauben, wenn die Frau nicht glücklich ist, sie durch mehr Geld oder ein größeres Haus und noch mehr gesellschaftliches Ansehen wieder glücklich zu machen. Dies stellt sich letztendlich als Teufelskreis dar: Um die Partnerin wieder glücklich zu machen, arbeitet er noch mehr, kümmert sich noch weniger um seine Partnerin und ist völlig überrascht, dass sie noch unglücklicher wird bzw. noch mehr nörgelt. Folgender Selbstcheck hilft Ihnen, die Bedürfnisse zu erkennen.

Prüfen Sie sich selbst

- Was glauben Sie, was Ihr Partner/Ihre Partnerin von Ihnen braucht?

  . . . .

  . . . .

  . . . .

- Was brauche ich von meinem Partner/meiner Partnerin?

  . . . .

  . . . .

  . . . .

- Welche Bedürfnisse kann sie/er mir erfüllen?

  . . . .

  . . . .

  . . . .

Heute kann die Frau die unteren zwei Bedürfnisse – Überleben und Sicherheit – ganz gut selbst abdecken. Wilde Tiere gibt es nicht mehr, vor denen er sie beschützen könnte, und es ist gesellschaftlich absolut akzeptabel, dass eine Frau alleine lebt und arbeiten geht. Unser modernes Sozialsystem ermöglicht zudem bereits seit etwa hundert Jahren, dass ein durch Krankheit arbeitsunfähig gewordener Mann trotzdem seine Familie ernähren kann. Die Frau wird – im Notfall – eine allein erziehende Sozialhilfeempfängerin. Luxuriös leben kann sie so allerdings nicht, aber auf jeden Fall kann sie überleben – und zwar ohne Mann.

Ehe und Partnerschaft auf dem Prüfstand

Selbst zum Kinderkriegen muss heute keine langfristige Bindung mehr eingegangen werden, denn dafür gibt es ja die Samenbank und künstliche Befruchtung.

Besteht die Notwendigkeit einer Ehe überhaupt noch?

Diese Frage kann mit einem klaren Ja beantwortet werden. Denn gerade ein Partner kann unsere emotionalen Bedürfnisse erfüllen. Bedauerlicherweise konnten die meisten Männer jedoch bis heute nicht erlernen oder wissen, wonach sich die weibliche Seele wirklich sehnt und wie diese Sehnsucht gestillt werden kann. Ein Mann, der dies gelernt hat, trägt in sich den Schlüssel zum Herzen seiner Frau.

Praxis-Tipp:

Die Ehe ist und bleibt heute das wichtigste Abenteuer und die schönste Entdeckungsreise, die der Mensch unternehmen kann.

Mehr denn je wünschen und erwarten wir in unserem Leben Glück, Liebe und Stabilität. Wir wollen lieben und geliebt werden! Tief in unserem Innern spüren wir eine große Sehnsucht nach Liebe und Geborgenheit. Jeder Mensch braucht Liebe, sonst verkümmert er! Und wenn wir von der Notwendigkeit einer Ehe sprechen, sollten wir nicht vergessen, dass es in der Tat „notwendig" ist, dass wir uns in jeder Hinsicht wohl fühlen, dass wir lieben, respektieren – ja, dass wir einfach gern mit einem lieben Menschen zusammenleben möchten und daraus das Beste machen. Und besonders wenn Kinder da sind, sollte von der „Notwendigkeit einer Ehe" gesprochen werden. Denn für ein Kind ist es die wertvollste Lebensgrundlage, wenn es in geordneten, liebevollen Verhältnissen aufwächst!

Oft reden wir heute vom „Lebensabschnittspartner" und hoffen auf erfüllte Zweisamkeit. Doch die meisten Menschen wissen oft

gar nicht, wie ihr Ideal aussieht. Eines der abstrusesten Armuts-
zeugnisse ist, dass sie noch nicht einmal wissen, was sie mit ihrer
Freizeit anfangen sollen. Doch alles Mögliche planen die meisten
Menschen besser als ihr Leben, beispielsweise den Urlaub.

Praxis-Tipp:

Es lohnt sich, dass Sie Ihr Leben voller Überzeugung und mit
großer Freude planen. Denken Sie doch nur einmal an Ihr erstes Rendezvous: Was haben Sie alles getan, um ihr bzw. ihm
zu gefallen. Wiederholen Sie diese wunderbare Zeit, versetzen Sie sich in eine gute Stimmung, verabreden Sie sich und
genießen Sie gemeinsam herrliche Stunden – so wie früher!
Verwöhnen Sie sich mit kleinen Präsenten, mit lieben Worten
und Streicheleinheiten. So schweben Sie förmlich im siebten
Himmel! Das tut nicht nur Ihrer Seele, sondern Ihrem ganzen
Körper gut und verschafft Ihnen ein lang anhaltendes Wohl-
gefühl. Frischen Sie Ihre wunderbare Zuneigung und wertvolle Liebe immer wieder auf!

Oder planen Sie einmal wieder ein Wochenende ein, das nur Ihnen und Ihrem Partner allein gehört – ohne Kinder, ohne Familie,
ohne Freunde. Machen Sie einen ausführlichen Spaziergang, erinnern Sie sich, wie es früher war, als Sie sich kennen gelernt haben. Schwärmen Sie von dieser Zeit, sprechen Sie über gemeinsame Ziele, träumen Sie Ihr Leben gemeinsam und leben Sie Ihre
Träume. Schreiben Sie gegenseitig auf, wie Sie sich die Zukunft
mit Ihrem Partner vorstellen, und tauschen Sie Ihre Wünsche aus.
Dies ist ein herrliches „Spiel" und bringt Ihnen ungemein viel
Freude. Sie lernen die Wünsche Ihres Partners kennen und werden garantiert versuchen, sie nach und nach zu erfüllen – eine
himmlische Aufgabe!

Was ist für Sie wertvoll?

Wissen ist nur dann Macht, wenn Sie es zu Ihrem Vorteil nutzen. Bitte überlegen Sie deshalb, welche drei Gedanken – Ihre drei Diamanten – der vorangegangenen Seiten für Sie persönlich wichtig waren. Bitte schreiben Sie Ihre drei Diamanten auf:

- . . . .
- . . . .
- . . . .

Lohnt es sich, für eine Partnerschaft bzw. Ehe zu kämpfen?

Es lohnt sich, denn Sie haben sich doch einmal geliebt. Denken Sie daran, was Sie nach dem ersten Rendezvous alles getan haben, um sich gegenseitig zu erobern! Ihre Liebe wurde von Tag zu Tag schöner.

Alles im Leben braucht seine Zeit – nehmen Sie sich also Zeit, überlegen Sie, am besten gemeinsam, wie Sie Ihre gemeinsame Zukunft retten, wieder aufbauen können – und geben Sie nicht so schnell auf.

Prüfen Sie sich selbst
■ Warum sollten Sie um Ihre Partnerschaft kämpfen?   . . . .   ■ Glauben Sie, dass sich dieser Einsatz lohnt?   . . . .

Lohnt es sich, für eine Partnerschaft bzw. Ehe zu kämpfen?

- Was haben Sie persönlich davon?

  . . . .

  . . . .

  . . . .

Es ist der Irrsinn der Menschen zu glauben, dass beim nächsten Partner alles besser wird. Um dies zu verstehen, lohnt sich ein Blick auf die Theorie der Partnerwahl, denn es sind unbewusste Programme in unserem Gehirn, die uns bei der Auswahl nach einem geeigneten Partner leiten:

- So fühlen wir uns magisch hingezogen zu Menschen, deren Ursprungsfamilie der unsrigen ähnelt!

- Die Beziehung unserer Eltern ist unser erstes Modell. Wir lernen hier, wie man kommuniziert und miteinander umgeht.

- Im Laufe der Zeit übernehmen wir diese Verhaltensmuster und akzeptieren sie als normales Verhalten.

- Wir lernen von unseren Eltern und Großeltern positives, aber auch negatives Verhalten.

- Unbewusst versucht dieses (vorprogrammierte) Verhaltensprogramm, sich durchzusetzen und in einer neuen Beziehung die gleichen (alten) Beziehungsstrukturen herzustellen.

- Häufig kann man auch erkennen, dass Männer Frauen suchen, die ihrer Mutter ähneln, und Frauen sich zu Männern hingezogen fühlen, die ihrem Vater ähneln.

Die meisten von Ihnen kennen die erschreckenden Beispiele von Frauen, die immer wieder an Alkoholiker geraten, oder Frauen, die sich immer wieder in Männer verlieben, die prügeln. Ein sehr deutliches Beispiel berichtete mir ein junger Mann in einem Beratungsgespräch: „Mein Großvater war Alkoholiker, und meine Großmutter hat viele Jahre darunter gelitten. Mein Vater hatte keine schöne Kindheit und schwor sich, dass er niemals Alkohol trinken würde. Als junger Mann fand sein Vater schließlich eine Frau, die er sehr liebte und heiratete: eine Alkoholikerin. Jetzt bin ich selbst erwachsen und habe ernste Alkoholprobleme."

Achtung: In der Regel machen die Menschen immer wieder die gleichen Fehler. Nur wenn wir neue, bessere Gewohnheiten trainieren, werden wir eine positive Partnerschaft führen können. Die meisten Menschen geben für das Scheitern einer Beziehung immer wieder dem Partner die Schuld, obgleich beide daran beteiligt sind!

Zerbricht der Traum vom großen Glück, so sind wir enttäuscht und verbittert, kommen jedoch nicht auf den Gedanken, dass wir unser Verhalten ändern können – ja ändern müssen, wenn wir glücklich sein wollen! Folgender Selbstcheck hilft Ihnen, Ihre jetzige Situation zu analysieren.

Prüfen Sie sich selbst

■ Was haben Sie (wirklich) aus der letzten gescheiterten Beziehung gelernt?

. . . .

. . . .

. . . .

■ Was machen Sie heute anders?

. . . .

. . . .

. . . .

■ Was machen Sie heute besser?

. . . .

. . . .

. . . .

Wenn Sie auch momentan in einem Tief stecken – vielleicht schon seit längerer Zeit – und nicht wissen, wie Sie da herauskommen können, geben Sie trotzdem nicht so schnell auf. Fragen Sie sich immer wieder: Wie kann ich es besser machen?

Wichtig: Unsere unbewusste Liebes-Landkarte beeinflusst unsere Partnerwahl. Zahllose offenkundige Merkmale, aber auch winzige, unterschwellige wirken auf uns. Positives und Negatives aus unserer Kindheit und Jugend bilden ein Raster, das wir unbewusst an einen Menschen anlegen, um zu prüfen, ob er oder sie als Lebenspartner in Frage kommt. Je größer die Übereinstimmung von Raster und Realität, umso größer die Wahrscheinlichkeit, dass wir uns verlieben.

Insgeheim hoffen wir, dass der Auserwählte uns all die Bedürfnisse befriedigen wird, die in der Kindheit unbefriedigt blieben. Da wir uns jedoch einen Menschen suchen, der unserer Ursprungsfamilie, also meist Mutter oder Vater, ähnelt, ist die Wahrscheinlichkeit eher gering, dass wir das Ersehnte finden werden.

Die Wissenschaft hat den Prozess der Partnerwahl noch nicht endgültig beantwortet, doch eines ist vielleicht klar geworden: Jeder hofft darauf, dass seine Wünsche befriedigt werden. Dies bedeutet: Wenn wir erkennen, was wir wirklich brauchen, um uns geliebt zu fühlen, und wenn wir bereit sind, unserem Partner genau das zu geben, was er wirklich braucht, dann hat die Liebe eine Chance.

Praxis-Tipp:

Hören Sie auf Ihre innere Stimme und erkennen Sie die in Ihnen schlummernden Antworten, die nur darauf warten, geweckt zu werden. Gewinnen Sie mehr Selbstvertrauen und lernen Sie, frohen Herzens mit sich selbst umzugehen und zu leben. Denken Sie daran, dass ein Problem nichts anderes ist als eine ungelöste Aufgabe, die es zu lösen gilt.

Dr. Robert H. Schuller, einer der größten Motivatoren unserer Zeit, weist darauf hin, dass Schwierigkeiten uns nie so zurücklassen, wie sie uns vorfanden. Sie machen uns verbittert, zynisch, hartherzig und gefühlsarm, wenn wir das zulassen. Seien Sie deshalb vernünftig und denken Sie daran, dass kein zynischer, verbitterter Mensch glücklich ist. Wehren Sie sich darum gegen diese destruktive Geisteshaltung. Gewinnen Sie mehr Selbstvertrauen und lernen Sie, frohen Herzens mit sich selbst und anderen zu leben! Gehen Sie bewusst neue Wege, probieren Sie neue Verhaltensweisen aus und geben Sie niemals auf.

Wichtig: Es liegt an uns, die Partnerschaft bewusst positiv zu gestalten und positive Gewohnheiten zu trainieren. Eine erfolgreiche Ehe der Eltern gibt Kindern das Rüstzeug für eine wunderschöne und erfolgreiche Zukunft.

Prüfen Sie sich selbst

- Bin ich meinem Partner/meiner Partnerin ein guter Partner?

  . . . .

  . . . .

  . . . .

- Woran kann er/sie das erkennen?

  . . . .

  . . . .

  . . . .

Man denkt bei Problemen viel zu schnell an Trennung – ja vielleicht sogar an Scheidung. Doch übereilen Sie einen solchen Schritt nicht. Sprechen bzw. diskutieren Sie lieber über Ihre Ideale, machen Sie Pläne für die kommenden Jahre und freuen Sie sich heute schon auf Ihre Silberhochzeit. Sprechen Sie mit Ihrem Partner, sagen Sie ihm/ihr, dass Sie von einer glücklichen gemeinsamen Partnerschaft träumen und seine/ihre Hilfe dafür brauchen. Formulieren Sie sehr deutlich, was Sie sich wünschen und wie Sie es gerne hätten! (Nicht was Sie stört!) Vergessen Sie dabei nicht, liebevoll zu sprechen.

Prüfen Sie sich selbst

■ Mit welchen drei Sätzen werden Sie ein partnerschaftliches Gespräch beginnen?

. . . .

. . . .

. . . .

■ Sind Sie auch bereit, etwas an Ihrem Verhalten zu ändern?

. . . .

. . . .

. . . .

■ Was wollen Sie ändern?

. . . .

. . . .

. . . .

Haben Sie den Mut, den ersten Schritt zu tun, vielleicht auch zuerst etwas an sich selbst zu ändern, ohne auf sofortige Gegenleistung zu hoffen. Fangen Sie doch einfach mal an, sich selbst positiver zu verhalten, und lassen Sie sich nicht von kleinen Misserfolgen und Hindernissen vom Ziel abbringen.

Praxis-Tipp:

Miteinander über seine Ideale zu sprechen hat sich schon immer gelohnt, denn nur dadurch können Sie beide etwas von sich erfahren. Reden Sie aber bitte nicht nur über die Probleme, sondern suchen Sie vor allem gemeinsam nach Lösungen. Kontrollieren Sie sich immer wieder im Verlauf des Gespräches mit der Frage: „Suche ich jetzt einen Schuldigen oder eine Lösung?" Sprechen Sie nicht nur darüber, was Sie stört, sondern beschreiben Sie immer deutlich Ihre Wunschvorstellung: Ihr Ideal.

Achtung: Endlose Diskussionen und Beschuldigungen sind reine Zeitverschwendung, denn zumeist geht es um einen verbalen Schlagabtausch, in dem der Aggressivere oder Wortgewandtere gewinnt und die Beziehung auf der Strecke bleibt.

Treffen Sie eine Entscheidung für Ihre noch schönere Zukunft und nehmen Sie sich folgende Worte von Erich Fromm zu Herzen:

„Man übersieht einen wesentlichen Faktor in der erotischen Liebe – den Willen! Jemanden zu lieben ist nicht nur ein starkes Gefühl, es ist auch eine Entscheidung, ein Urteil, ein Versprechen."

Die Liebe muss nicht sterben!

Glauben Sie an die Liebe und tun Sie etwas dafür, dass ein Absturz vom verliebten Höhenflug zum langweiligen Miteinander auf jeden Fall vermieden wird. In jeder Beziehung kann mit der Zeit der graue Alltag einkehren – sie verliert an Glanz und Spontanität. Die Anziehungskraft des Partners lässt nach, wenn wir uns nicht engagieren, und die anfänglich so wunderbare Leidenschaft fällt in einen tiefen Winterschlaf. Langeweile, Sprachlosigkeit und Entfremdung schleichen sich ein.

Bringen Sie neuen Schwung in Ihre Beziehung

Verabreden Sie sich zu einem festen Termin – so wie früher, als Sie Ihre ersten Rendezvous planten. Dadurch verschaffen Sie sich bewusst Raum für Intimität und gemeinsame Erinnerungen; beides fördert die Bindung. Sprechen Sie gemeinsam über Ihre Beziehung, Ihre Ziele und über alles, was Sie auf dem Herzen haben. Gespräche und gemeinsame Aktivitäten sollten sich dabei die Waage halten.

Gerade für Frauen hat das Gespräch eine sehr anregende Wirkung – es ist ein wahres Aphrodisiakum!

Mit Recht schreibt Günter F. Gross in seinem Buch „Beruflich Profi, privat Amateur?": „Im Beruflichen wird so viel über Motivierung gesprochen ... doch für den privaten Bereich scheint die Aufgabenstellung der Motivierung überhaupt nicht zu existieren. Hier ist ein wirklicher Nachholbedarf. Wenn jemand Motivierung benötigt, dann ist es Ihr Ehepartner. Sein Selbstbewusstsein ist zu erhalten und zu stärken. Degradieren Sie Ihren Ehepartner niemals! Helfen Sie ihm dabei, seine Begabungen und Kräfte zu entwickeln. Zeigen Sie Ihren Enthusiasmus und Ihre Freude über das, was er leistet und leisten kann. Loben Sie Ihren Ehepartner, zeichnen Sie ihn aus. Bewundern Sie ihn erkennbar. Stellen Sie ihn auf ein Podest. Lassen Sie ihn die Mischung aus Freude, Zuneigung und Bewunderung erkennen, die Sie für ihn empfinden.

Machen Sie Ihren Ehepartner niemals zur Hilfskraft oder zum Laufboten. Sichern Sie ihm seinen Freiheitsraum. Sitzen Sie ihm nicht ständig im Genick. Die eine Seite der Münze ist die Zuwendung, die andere – genauso wichtige Seite – ist der respektvolle Abstand."

Es ist nicht Ihre Aufgabe, Ihren Partner zu therapieren, sondern es ist Ihre Aufgabe, ihn glücklich zu machen! Zerstören Sie nicht mutwillig seine Leistungsfähigkeit und seine Träume. Erhalten Sie ihm seine Fröhlichkeit. Sie bekommen die Fröhlichkeit, Entspanntheit und Gelöstheit zurück, die Sie selbst geben.

Ehe und Partnerschaft auf dem Prüfstand

Wichtig: Kritisieren Sie Ihren Partner nicht zu oft, denn Sie zerstören ihn damit systematisch. Zeigen Sie Mitgefühl – auch in Situationen, in denen er ohne eigenes Verschulden in eine unangenehme Lage geraten ist, denn gerade dann braucht Ihr Partner keine schlauen Sprüche und Belehrungen, sondern eher Mitgefühl und Verständnis! Sprüche wie: „Hab' ich dir doch gleich gesagt!" oder „Ich hab' genau gewusst, dass das passiert!" sind das Letzte, was Ihr Partner braucht, wenn mal etwas schief läuft.

Nehmen Sie sich gute Beispiele zu Herzen und handeln Sie danach. Es wird immer leichter, je mehr positive Gewohnheiten Sie sich zu Eigen machen.

Praxis-Tipp:

Fangen Sie bereits heute an, an einer glücklichen Beziehung zu arbeiten. Der Preis für gute Partnerschaft ist hoch, aber wenn Sie täglich einen kleinen Betrag in Ihre Beziehungskasse einzahlen, dann kann sich kein riesiger Problemberg ansammeln. Vielleicht sind es ja nur „Kleinigkeiten", die sich mit der Zeit zu einem großen Berg angehäuft haben. Jedoch sollten Sie diesen Berg erst gar nicht größer werden lassen, wenn Sie nicht wollen, dass er zwischen Ihnen und Ihrem Partner so groß wird, dass er unüberwindbar wird. Sie werden feststellen, dass Sie selbst davon am meisten profitieren und jeden Tag ein bisschen glücklicher werden!

Prüfen Sie sich selbst

- Am meisten können Sie von Vorbildern lernen. Kennen Sie Paare, die eine erfolgreiche Beziehung führen? Beschreiben Sie diese Paare:

  . . . .

  . . . .

  . . . .

- Was machen diese Menschen anders als andere?

  . . . .

  . . . .

  . . . .

- Was kann ich von ihnen lernen?

  . . . .

  . . . .

  . . . .

Freundschaft – die beste Basis für eine gute Ehe

Das beste Rezept für eine gute Ehe ist nicht etwa die Fähigkeit, fair zu streiten, oder leidenschaftlicher Sex, sondern schlicht: aufrichtige Freundschaft!

Zu diesem Ergebnis kam der amerikanische Psychologieprofessor John Gottman nach 25 Jahren Forschung auf diesem Gebiet. Er ist der Meinung, wenn sich Partner gut kennen, gegenseitig respektieren, achten und schätzen, haben sie die besten Chancen, die Hürden und Streitigkeiten im Ehe-Alltag erfolgreich zu meistern.

Gottman rät, in Gedanken eine so genannte Liebes-Landkarte des jeweiligen Partners zu erstellen. Darin sollten möglichst viele Details des Gegenübers eingezeichnet werden, wie Träume, Sorgen, Ängste, Hoffnungen oder Kindheitserlebnisse. Diese Landkarte sollte möglichst immer auf den neuesten Stand gebracht werden. Die meisten Paare, so der Psychologe, würden sich immer wieder über dieselben Themen streiten und oftmals keine Lösung finden!

Ehe und Partnerschaft auf dem Prüfstand

Tiefe Zuneigung für den Partner sowie Informationen über die Beweggründe für ihre oder seine kontroversen Argumente würden den Paaren helfen, die unterschiedliche Einstellung zu akzeptieren oder einen Kompromiss zu finden.

„Wir erklären Paaren, dass diese wiederkehrenden Probleme auf Unterschieden in der Persönlichkeit basieren, auf unterschiedlichen persönlichen Bedürfnissen –, ‚Wenn du dich entscheidest, jemanden zu heiraten, hast du sofort deinen Teil unlösbarer Partnerschaftsprobleme geerbt'", schreibt Gottman in seinem Buch „The Seven Principles for making marriage work". Über 14 Jahre lang beobachtete der Wissenschaftler insgesamt 650 Paare in regelmäßigen Abständen.

In gut funktionierenden Ehen nehmen Paare sehr häufig Kontakt miteinander auf!

Das kann beispielsweise ein Hinweis auf einen Zeitungsartikel sein, den der Partner gerade liest. Er oder sie weiß, dass der Hinweis vom Gegenüber freundlich aufgenommen und kommentiert wird.

Ehepartner, die keine enge Freundschaft als Basis aufweisen konnten, traten im gleichen Zeitraum nur etwa siebenmal miteinander in Kontakt.

„Das sind die kleinen Momente, in denen wir merken, dass der Partner auf uns reagiert", so Gottman.

Zudem kam er in seinen Untersuchungen zu dem Ergebnis, dass Freundschaft auch darüber entscheidet, ob die Partner mit Sex und Leidenschaft in der Ehe zufrieden sind. Im Folgenden einige Fragen aus Gottmans Buch, an denen Sie selbst sehen können, wie gut Sie Ihren eigenen Partner kennen.

Wie gut kennen Sie Ihren Partner wirklich?

- Ich kenne die Schwierigkeiten, mit denen mein Partner im Moment zu kämpfen hat. ☐
- Ich kann seine/ihre besten Freunde nennen. ☐
- Ich kenne die Namen der Leute, die ihn/sie in jüngster Zeit geärgert haben. ☐
- Ich kenne einige der Lebensträume meines Partners. ☐
- Ich bin sehr vertraut mit dem religiösen Glauben meines Partners. ☐
- Ich kann die Verwandten meines Partners nennen, die er/sie am wenigsten mag. ☐
- Ich kenne ihre/seine Lieblingsmusik. ☐
- Ich kann seine/ihre drei Lieblingsfilme nennen. ☐
- Ich weiß von dem schwierigsten Kindheitserlebnis meines Partners. ☐
- Ich kenne seine/ihre ehrgeizigsten Ziele. ☐
- Ich weiß, was mein Partner tun würde, wenn er/sie im Lotto gewinnen würde. ☐
- Ich kann detailliert den ersten Eindruck schildern, den ich von meinem Partner hatte. ☐
- Mein Partner kennt mich ziemlich gut. ☐

Wenn Sie mehr als die Hälfte der Aussagen mit „Ja" beantworten können, haben Sie nach John Gottman eine relativ stabile Basis, auf der Sie Ihre Partnerschaft aufbauen können!

Beziehungskrisen meistern

3

Schrauben Sie Ihre Erwartungen zu hoch?

Wir leben in einem neuen Zeitabschnitt – und das erst seit ca. 100 Jahren. Bis zu Beginn des 20. Jahrhunderts gab es in den Beziehungen eine sehr klare Rollenteilung. Jeder wusste genau, was seine Aufgabe in der Beziehung war und welche Rolle er oder sie spielen sollte. In allen gesellschaftlichen Schichten war diese Rollenaufteilung zu finden. Denken Sie doch einmal an Ihre Großeltern: Hat Ihr Großvater auch mal die Windeln gewechselt? Hat Ihr Großvater auch einmal im Haushalt mitgeholfen? Wahrscheinlich sagen Sie ganz spontan „Nein, natürlich nicht", dann geht es Ihnen so, wie den meisten von uns. Es war in dieser Generation ganz und gar unüblich, wenn ein Mann „Hausarbeiten" übernahm. Sein Job war ganz klar: Er ging arbeiten und verdiente Geld, damit er die Familie ernähren und beschützen konnte. Die Frauen passten sich diesem Rollenverständnis meist ohne Murren an.

Die aktive Frau von heute erwartet jedoch von ihrem Partner, dass er seinen Teil der häuslichen Pflichten wahrnimmt und sie als gleichberechtigte Partnerin akzeptiert. Sie wünscht sich einen Mann, der liebevoll, fürsorglich und auch erfolgreich ist; noch dazu soll er eine verbesserte Version ihrer besten Freundin sein. Sie wünscht sich einen sensiblen Mann, verpackt in einem starken männlichen Körper – und mit einem dicken Bankkonto, denn sie sehnt sich auch heute noch nach Schutz und Sicherheit.

Sehen auch Ihre Wunschvorstellungen so aus? Wenn ja, dann haben auch Sie sicherlich schon manche bittere Träne geweint, weil dieser Supermann einfach nicht so denkt, fühlt und handelt wie wir Frauen. Sie haben sicherlich Ihrem Partner ein böswilliges Verhalten unterstellt und ständig versucht, ihn zu verändern. Diese Versuche sind letztendlich an seinem passiven oder aggressiven Widerstand gescheitert, und dank dieser Misserfolge haben viele frustriert das „Handtuch geworfen" und ihm Herzlosigkeit unterstellt, weil er so ganz anders denkt, fühlt und handelt wie Frauen.

Achtung: Genau hier liegt das große Problem, denn im Laufe der Emanzipation und der „Wilden Sechziger" hat man uns immer mehr eingeredet, dass Männer und Frauen im Grunde genommen gleich sind. Abgesehen von den Äußerlichkeiten gäbe es keine wirklichen Unterschiede. Unterschiedliches Verhalten wurde ausschließlich auf den Einfluss der Erziehung und des Milieus zurückgeführt.

Mit dem „kleinen Unterschied" erfolgreich umgehen

Erst in den letzten 15 Jahren haben Neurologen und Psychologen begonnen, diese Gleichheitsannahme in Frage zu stellen und mittels modernster medizinischer Techniken zu untersuchen. Die Ergebnisse sind verblüffend eindeutig, und fast täglich finden die Forscher weitere Belege dafür, dass die Gehirne von Männern und Frauen unterschiedlich arbeiten.

Unsere Gehirne sind unterschiedlich angelegt, und durch den Einfluss der Hormone werden diese Unterschiede noch verstärkt. Kein Wunder also, dass Männer und Frauen unterschiedlich denken, fühlen und handeln. Gerade diese Unterschiede hatten immer ihren Sinn und haben das Menschenpaar zum Erfolgsteam der Evolution gemacht. Mehr Interessantes zum „kleinen Unterschied" – wissenschaftlich belegt – erfahren Sie im vierten Kapitel ab Seite 73.

Leider haben wir immer wieder verdrängt, wie wichtig diese Unterschiede sind. Die Folge ist der anhaltende Geschlechterkampf, in dem jeder den anderen davon überzeugen will, dass seine Art, zu denken, fühlen und handeln, die bessere sei.

Beziehungskrisen meistern

Wir leben in einer Welt der Gegensätze, die alte chinesische Kultur sprach von Yin – Yang: die weibliche und die männliche Kraft. Überall können wir diese Gegensätze entdecken, es sind die beiden Seiten einer Münze, die einander ergänzen, wie Tag und Nacht, Gesundheit und Krankheit, Ebbe und Flut, Gut und Böse.

Praxis-Tipp:

Lernen Sie einfach, mit dem „kleinen Unterschied" umzugehen, und versuchen Sie nicht, alle Menschen gleich zu sehen, denn dies würde dem Leben die Würze nehmen und die Menschheit – so wie unzählige Tierarten zuvor – dazu verdammen, auszusterben.

Anstatt dass wir froh sind, dass unser Partner nicht die gleichen Macken hat wie wir, möchten wir ihn so lange verändern, bis er uns gleicht. Dies ist der wohl wichtigste Grund, warum moderne Beziehungen scheitern: Wir haben einfach nicht gelernt, mit den Unterschieden umzugehen. Wir sollten uns von diesen Unterschieden inspirieren lassen!

Übung: Der „kleine Unterschied"

Niemand hat uns beigebracht, wie Mann oder Frau erfolgreich mit dem jeweils anderen Geschlecht umgehen soll. Sind Sie bereit für eine kleine Übung? Schreiben Sie ganz spontan auf, welche Unterschiede Sie kennen oder beobachtet haben:

. . . .

. . . .

. . . .

. . . .

. . . .

Wichtig: Wenn Sie die Unterschiede kennen und sie nicht nur akzeptieren, sondern auch respektieren, hat Ihre Liebe eine Chance – und dann sind Sie auch gern bereit, den Partner voll zu unterstützen.

Die Frau von heute geht ihren Weg!

Die aktive Frau von heute hat eine gute Ausbildung, ist meist berufstätig und finanziell unabhängig – sie geht ihren Weg! Ihrer eigenen Wünsche und Bedürfnisse ist sie sich jedoch meist nicht ganz bewusst. Fragt man sie, was sie sich vom Leben wünscht, so bekommt man meist oberflächliche Antworten. Leider allzu oft überlassen Frauen ihre Zukunft dem Schicksal, ihrem Horoskop oder dem Zufall, anstatt ihr Leben, ihre Beziehung in die Hand zu nehmen und zu gestalten.

Etwa 80% aller Trennungen werden von Frauen initiiert, und 63% der Scheidungen werden von Frauen eingereicht. Als Hauptgrund geben sie an, dass sie sich nicht geliebt fühlen und dass ihre emotionalen Bedürfnisse in dieser Partnerschaft nicht erfüllt werden. Sie bevorzugen in diesen Fällen das Alleinsein als Alternative zum Unglücklichsein!

Die aktive Frau von heute vergisst, dass ihr Partner nie gelernt hat, welche emotionalen Bedürfnisse eine Frau, insbesondere seine Partnerin, hat. Häufig trifft es ihn dann wie „ein Schlag vor den Kopf", und irritiert stammelt er vor sich hin: „Ich dachte, es sei alles in Ordnung!" Sie aber hat inzwischen resigniert, dreht sich um und geht. Im Stillen glaubt sie, dass er doch nur an sich und seine Bedürfnisse denkt und sie niemals wirklich geliebt hat. Ein Traum geht zu Ende, und beide stehen vor den Trümmern ihrer Liebe. Hätte dieser Traum auch anders ausgehen können? Ja, wenn die beiden gelernt hätten, spielerisch und liebevoll mit ihren Unterschieden umzugehen.

Übung: Bedürfnisse und Wünsche Ihres Partners

Gerade weil die Geschlechter so verschieden sind, brauchen sie eine unterschiedliche Betreuung, um sich optimal zu entfalten. Wissen Sie wirklich, was Ihr Partner, Ihre Partnerin von Ihnen braucht, um sich geliebt zu fühlen? Schreiben Sie bitte konkret auf, was Ihr Partner alles braucht, um sich so richtig wohl zu fühlen:

. . . .

. . . .

. . . .

. . . .

. . . .

Haben Sie auch an alles gedacht? Körper, Geist und Seele? Vielleicht fragen Sie einmal Ihren Partner, ob Sie richtig liegen mit Ihrer Einschätzung.

Wichtig: Denken Sie nicht nur über Ihre Partnerschaft nach, sondern finden Sie endlich heraus, was Ihr Partner wirklich braucht, und geben Sie es von ganzem Herzen.

Gerade weil wir so wenig über die Unterschiede zwischen Männern und Frauen wissen, werden in den nächsten Kapiteln die typischen Unterschiede sehr deutlich skizziert, an mancher Stelle auch karikiert und mit lebensnahen Alltagsbeispielen dargestellt. Sie werden an vielen Stellen sicherlich schmunzeln, an anderen vielleicht betroffen sein. Lassen Sie dieses neue Wissen wirken, werden Sie selbst zu einem scharfsinnigen Beobachter und sehen Sie die „kleinen Unterschiede" nicht als einen bösartigen Scherz der Natur an.

Ein gemeinsames Ziel – die beste Basis für eine glückliche Beziehung

Kaum zu glauben, doch das Fehlen von gemeinsamen Zielen ist wahrscheinlich die Hauptursache, warum moderne Beziehungen scheitern. In früheren Zeiten war das gemeinsame Lebensziel, die gemeinsame Lebensaufgabe klar, denn nur gemeinsam konnten Mann und Frau das Überleben der Kinder und Familie sichern. Zu anderen Zeiten wurden die Lebensläufe (= Ziele) von den jeweils herrschenden Kräften vorgegeben und übernommen, wenn nicht sogar befohlen.

Für die Frauen war es zu Beginn des 20. Jahrhunderts absolut selbstverständlich, die Ziele ihres Partners zu unterstützen und über ihre eigenen nur im Stillen zu träumen.

Heute hat dagegen jeder die Möglichkeit, sein Leben selbst zu bestimmen und gestalten. Diese erkämpfte und neu gewonnene Freiheit wird von den Menschen so gelebt, dass jeder macht, was er will – zumeist ohne Plan oder Richtung. Das geht jedoch nur so lange gut, wie kein Lebenspartner da ist.

Wichtig: Eine Partnerschaft ist ein Team, vergleichbar mit einer Fußballmannschaft. Diese Mannschaft wird nur so lange erfolgreich sein im Spiel, wie alle ein gemeinsames Ziel verfolgen! Ist das Ziel erreicht und kein neues in Sicht, dann fehlt der gemeinsame Nenner und das Team droht an den unterschiedlichen Zielvorstellungen zu zerbrechen.

Ein gemeinsames Ziel ist die Grundbedingung für eine glückliche und erfolgreiche Beziehung. Dagegen ist Richtungslosigkeit der Fluch derer, die es zu keinem Erfolg bringen. Stets lassen sie sich durchs Leben dahintreiben, wünschen unklar, alles möge anders sein, haben aber keine klar umrissenen Wünsche, Vorsätze oder Ziele.

Übung: Ihr gemeinsames Ziel

Vielleicht stellen Sie sich einmal die Frage, welche gemeinsamen Ziele Sie verfolgen. Haben Sie sich schon einen gemeinsamen Lebensplan entworfen, oder glauben Sie immer noch, dass alles gut wird, wenn Sie einander nur genug lieben? Versuchen Sie, Ihr gemeinsames Lebensziel in Worte zu fassen:

. . . .

. . . .

. . . .

. . . .

. . . .

Praxis-Tipp:

Das oberste Ziel von Paaren sollte sein zusammenzubleiben, um gemeinsam neue Ziele zu erreichen. Nur wenn ein Paar eine gemeinsame Zukunft anstrebt, eine gemeinsame Aufgabe verfolgt, wird es alle Krisen überstehen! Denken Sie immer wieder daran, dass ein Paar wie ein Team ist – und Teams nur so lange zusammenhalten, wie sie eine gemeinsame Aufgabe, ein gemeinsames Ziel verfolgen.

Natürlich haben Sie alle schon einmal gehört, wie wichtig Ziele für ein erfolgreiches Leben sind. Aber haben Sie sich auch schon einmal Gedanken darüber gemacht, was mit einem Menschen passiert, der keinen Lebensplan, keine Aufgabe vor Augen hat? Viktor E. Frankl sagte sehr deutlich, dass die Menschen an einem Gefühl der Sinnlosigkeit leiden. Sie wissen nicht, wofür sie leben, was ihre Lebensaufgabe ist – und dies führt zu einem Gefühl großer Leere; Frankl spricht vom existenziellen Vakuum. Dieses Gefühl der Leere ist für uns Menschen sehr unangenehm, und so versuchen wir, mit allen Mitteln diese Leere auszufüllen: durch großen Konsum, die exzessive Jagd nach lustvollen Erlebnissen jeder Art wie Alkohol, Affären und Drogen. Alle Versuche, Lebensqualität künstlich durch Geschwindigkeit und Zerstreuung zu entfachen, werden letztendlich scheitern. Zurück bleibt häufig nur ein fader Nachgeschmack. So ist auch jede Sucht eine Betäubung des Leeregefühls und eine erfolglose Suche nach Erfüllung. Darum sollte jeder Mensch für sich ganz genau herausfinden, was seine persönliche Lebensaufgabe ist, wo er oder sie am meisten Nutzen bringt – und seine Ziele entsprechend verfolgen.

Wichtig: Wenn Sie bereit sind, Ihren wertvollen Zielen zu dienen, dann werden sich Liebe, Lust und Leidenschaft von alleine einstellen!

Praxis-Tipp:

Gemeinsame Zukunftsziele und Zukunftspläne sind neben aufrichtiger Liebe das wichtigste Fundament einer jeden Beziehung! Wer die Macht der Ziele ignoriert, der übersieht, dass jede Partnerschaft einen gemeinsamen Nenner braucht, damit die nächste große Krise gemeistert werden kann.

Prüfen Sie sich selbst

- Welche Lebensträume haben Sie?

  . . . .

  . . . .

  . . . .

- Welche Lebensträume hat Ihr Partner?

  . . . .

  . . . .

  . . . .

Die geheime Kraft Ihrer Wünsche entfalten

Die meisten Menschen kennen weder ihre eigenen Wünsche noch die Wünsche ihres Partners. Ganz traurig wird es, wenn aus dem „Dream-Team" Konkurrenten werden. Aber wer täglich mit seinem Partner im Kampf lebt, der kann gar nicht mehr die Kraft haben, an der beruflichen Front erfolgreich zu sein!

Was wir brauchen, um unser Morgen zu gestalten, das sind nicht irgendwelche Ziele, sondern Ziele, die persönlichkeitsgerecht sind. Ziele, die in und mit unserer Persönlichkeit verankert sind. Zunächst einmal muss jeder von uns seine eigenen Ziele finden. Ein Weg, seine Ziele zu finden, ist es, wenn wir unsere eigenen Wünsche erkennen und bejahen. In unseren Wünschen überschreitet unsere Vorstellungskraft die Grenze der scheinbaren Realität. Wir dringen in tiefere Bereiche unserer Existenz vor. Die Wirkkraft des Wunsches – seine Macht – ist stärker als die des Willens. Die Kraft des Willens kann versuchen, sich gegen unser Naturell zu richten. Die Kraft des Wunsches aber wirkt immer im Einklang mit unserer wahren Persönlichkeit – unserem wahren Ich.

Wichtig: Ein selbstbewusster Mensch kennt und bekennt sich zu seinen Wünschen.

Unsere vorrangigste Lebensaufgabe ist die Entfaltung unserer Persönlichkeit. Sie werden aber nicht dadurch zu einer Persönlichkeit, weil Sie es unbedingt werden wollen! In dieser Grundannahme liegt bei vielen der große Irrtum. Sie werden nur auf dem Wege der Verwirklichung Ihrer großen Wünsche zu einer außergewöhnlichen Persönlichkeit. Denn um große Wünsche zu erreichen, müssen wir alle Fähigkeiten und Talente aktivieren, die einen Menschen zur Persönlichkeit machen.

Achtung: Der Mensch wird erst „etwas" durch sein Werk, durch sein Tun, durch sein Handeln. Wünsche, große Wünsche weisen uns den Weg und werden so zu unseren Zielen.

Praxis-Tipp:

Die Kraft des Willens kann versuchen, sich gegen unser Naturell zu richten. Die Kraft des Wunsches wirkt immer im Einklang mit unserer wahren Persönlichkeit!

Sie sollten Ihre eigenen Wünsche genauso gut kennen wie Ihre gemeinsamen. So geben Sie Ihrem gemeinsamen Leben eine Richtschnur, an der Sie sich immer wieder orientieren können. Reden Sie bitte ganz offen über Ihre Ziele, denn nur dann geben Sie Ihrem Partner die Möglichkeit, Sie optimal zu unterstützen.

Das erfolgreiche Leben lässt sich in fünf große Bereiche unterteilen. Für jeden Lebensbereich benötigt man unterschiedliche Ziele:

- Berufliche Ziele
- Partnerschaftliche und familiäre Ziele
- Gesundheitliche Ziele
- Freizeitziele
- Freundeskreis- beziehungsweise Umfeldziele

Im beruflichen Leben sollten Sie durch Planung den Zufall so weit wie möglich ausschalten:

- In der ersten Lebenshälfte ist es vorrangig, die eigenen Fähigkeiten und Stärken zu erkennen und zu verstärken. Dann gilt es, eine Position zu finden, in der man diese Fähigkeiten erfolgreich und nutzbringend anwenden kann. Entscheidet sich eine Frau dazu, mit ganzem Herzen Mutter zu sein oder die Karriere ihres Partners zu managen, so gilt auch dies als Beruf. Entscheidend ist, ob den Frauen diese Tätigkeit die Möglichkeit gibt, ihre Fähigkeiten einzusetzen und zu wachsen.

- In der zweiten Hälfte des Lebens müssen die Ziele anders aussehen, z.B. im Berufsleben neue, wertvolle Mitarbeiter finden oder mehr delegieren oder einfach weniger arbeiten.

Im privaten Bereich sollten Sie sowohl langfristige Ziele wie auch mittel- und kurzfristige Ziele haben. Es gibt Situationen, in denen die privaten Ziele zunächst das Wichtigste in Ihrem Leben sind. Langfristig gesehen brauchen Sie jedoch auf jeden Fall berufliche wie private Ziele:

■ Bedenken Sie, dass das Berufs- und Privatleben nicht klar voneinander getrennt werden können und sich immer gegenseitig beeinflussen.

■ Zu einem glücklichen und erfüllten Leben gehört der berufliche Erfolg ebenso wie eine positive Partnerschaft.

Gerade Frauen neigen zu dem Irrglauben, dass alles wunderbar wird, wenn sie nur den richtigen Mann finden. Soziologen sprechen hier von der „Romantikfalle". Eine Partnerschaft bietet die Basis und Unterstützung für Ihren beruflichen Erfolg – sie kann ihn jedoch nicht ersetzen!

Praxis-Tipp:

Sie sollten sich zu Hause gemeinsam einen neuen Ordner zulegen: ein Beziehungsalbum. In diesem Ordner sammeln Sie alle Wünsche, Ideen, Ziele, Vorstellungen, Träume – mit der Frage: Wie soll unser Leben in fünf, in zehn Jahren aussehen?

Mit Ihrem Ordner leben Sie heute schon im Morgen. Sie holen die Zukunft in die Gegenwart hinein. Wer nicht an seiner Zukunft und für sie arbeitet, wird eines Tages in einer Welt leben, in der es ihm nicht mehr gefällt! Haben Sie den Mut, sich wirklich ein persönliches Ideal, ein vollkommenes Bild von Ihrer Zukunft zu erarbeiten. Nicht alle Träume werden sich erfüllen, aber Sie kommen Ihrem Ideal weit entgegen.

Des Weiteren sollten Sie dafür sorgen, dass Sie gemeinsam eine Fülle positiver Erlebnisse sammeln und gestalten. Wir Menschen neigen häufig dazu, uns zu sehr auf das Negative zu konzentrieren und all das Positive zu verdrängen.

Halten Sie alle schönen Erlebnisse in Ihrem persönlichen Beziehungsalbum fest, so dass Sie sie niemals vergessen werden. Damit Sie viele positive Erlebnisse haben, sollten Sie Ihre gemeinsame Freizeit sinnvoll planen und sich auch ab und zu etwas Verrücktes, Abenteuerliches oder pure Romantik gönnen!

Prüfen Sie sich selbst

- Was könnten Sie in der kommenden Woche gemeinsam erleben?

  . . . .

  . . . .

  . . . .

- Was würde Ihnen beiden Spaß machen?

  . . . .

  . . . .

  . . . .

- Wann werden Sie es tun?

  . . . .

  . . . .

  . . . .

Es reicht vollkommen, wenn Sie für jede Woche gemeinsame Vorhaben und Pläne haben, auf die Sie sich freuen. Möglich wäre ein fester Abend, eine „Date-Night", an dem Sie die Arbeit einfach vergessen und sich ausschließlich Ihrem Partner widmen.

Dr. Ellen Kreidman geht sogar noch einen Schritt weiter und fordert, dass Sie mindestens vier Liebeswochenenden im Jahr einplanen müssen. Wochenenden, an denen Sie wegfahren – und zwar ohne Kinder – und somit Ihre Liebe und Leidenschaft immer wieder neu entfachen. Zusätzlich empfiehlt sie eine Woche Liebesurlaub pro Jahr – natürlich auch ohne Kinder. Es muss kein Vermögen kosten, und es ist erstaunlich, wie sehr es die Kinder genießen, mal eine Woche bei den Großeltern oder Verwandten verbringen zu dürfen. Auch wenn das Geschrei für die ersten zwei Stunden groß ist, so haben die Kinder meist schon nach einer Stunde ihren Kummer vergessen und genießen die neue Umgebung.

Wichtig: Sprechen Sie immer wieder von Ihren Träumen, Wünschen und Zielen und legen Sie sich auf einen gemeinsamen Lebenswunsch fest.

Mein Partner hat es mit einem wunderschönen Bild beschrieben, als er sagte: Es ist so, als ob zwei Flüsse aufeinander treffen und sich entscheiden, in Zukunft gemeinsam in die gleiche Richtung zu fließen. Auch Sie müssen sich entscheiden, in welche Richtung Ihr gemeinsamer Lebensfluss fließen soll! Jeder hat das Recht zur Selbstentfaltung, jedoch nicht auf Kosten des anderen. Genauso sinnwidrig ist es, immer nur Rücksicht zu nehmen auf den anderen. Deshalb sollten Sie immer wieder Ihren gemeinsamen Kurs im Auge behalten und verfolgen.

Prüfen Sie sich selbst
■ Welches gemeinsame Ziel verfolgen Sie?
. . . .
. . . .
. . . .
■ Haben Sie Ihre gemeinsame Zukunft bereits geplant?
. . . .
. . . .
. . . .

- Was haben Sie geplant?

  . . . .

  . . . .

  . . . .

Was ist für Sie wertvoll?

Wissen ist nur Macht, wenn Sie dieses Wissen erfolgreich nutzen. Schreiben Sie die drei Gedanken – Ihre drei Diamanten – der vorausgegangenen Seiten auf, die Ihnen persönlich wichtig sind:

- . . . .
- . . . .
- . . . .

Praxis-Tipp:

Wer heute einen Gedanken sät, erntet morgen die Tat, übermorgen die Gewohnheit und endlich sein Schicksal!

So verstehen Sie sich und Ihren Partner noch besser

4

Das unbekannte Wesen „Partner"

Muss sich der Kampf der Geschlechter weiter zuspitzen? Vielleicht sollten wir uns die typischen Unterschiede bewusst machen, so dass wir uns im Umgang mit dem anderen Geschlecht ein kleines bisschen geschickter anstellen. Von kaum einem Mann durfte ich mehr über diese Unterschiede lernen als von dem amerikanischen Paartherapeuten Dr. John Gray. Er hat es wie kein anderer verstanden, die wissenschaftlich belegten Unterschiede zwischen Mann und Frau bildlich zu beschreiben. Er behauptet: „Männer sind vom Mars und Frauen von der Venus".

John Gray erzählte eine sehr interessante Geschichte, die ich hier in leicht abgewandelter Form darstellen möchte:

Vor langer, langer Zeit lebten auf dem Planeten Mars Wesen, die wir heute als Männer bezeichnen würden. Eines Tages bastelte einer der Marsianer ein Teleskop. Voller Freude über seine neue Entwicklung blickte er stundenlang durch sein Teleskop in die Tiefen des Universums. Eines Tages, als er wieder einmal in die Tiefen des Universums schaute, blieb sein Blick am Planeten Venus hängen. Er stellte das Teleskop auf ganz scharf, und als er genauer hinschaute, konnte er auf der Venus wunderschöne Geschöpfe erblicken. Himmlische Wesen, deren Lächeln ihn verzauberte, und plötzlich verspürte er ein Gefühl, das er noch nie zuvor hatte: Er hatte sich verliebt. Rasch verbreitete sich auf dem Mars die Nachricht von diesen Wesen, und jeder Marsianer, der einen Blick auf die Venus warf, verspürte dieses starke Gefühl. In einem gewaltigen Motivationsschub gelang es den Marsianern innerhalb weniger Wochen, Raumschiffe zu bauen, die Koffer zu packen und zur Venus zu fliegen. Dort angekommen, wurden sie mit offenen Armen und strahlenden Gesichtern empfangen. Die Begegnung dieser beiden Kulturen war magisch, sie waren entzückt darüber, einander kennen zu lernen, zusammen zu sein und zu reden. In den folgenden Monaten machten sie sich einen Spaß daraus, ihre Unterschiedlichkeiten zu entdecken und auszutauschen.

So verstehen Sie sich und Ihren Partner noch besser

Es geschah, was geschehen musste: Mars und Venus verliebten sich ineinander und wollten von nun an gemeinsam durchs Leben gehen. Eine wunderbare Zeit begann, und sie beschlossen, ihre Flitterwochen auf der Erde zu verbringen.

Auf der Erde angekommen, war zunächst alles wunderbar, doch langsam begann die Erdatmosphäre auf sie zu wirken. Folge war, dass sie eines Morgens mit einem Gedächtnisschwund aufwachten – und sie hatten etwas ganz Wesentliches vergessen: Mars und Venus hatten einfach nicht mehr daran gedacht, dass sie aus unterschiedlichen Welten stammen! Sie hatten vergessen, dass sie völlig unterschiedlich waren und auch sein sollten. Alles, was sie in den vergangenen Monaten über ihre Unterschiede gelernt hatten, war aus ihrem Gedächtnis gelöscht.

Und, so John Gray, seit diesem Tage herrscht auf der Erde der Krieg der Geschlechter. Ein Krieg, der bereits auf beiden Seiten viele Opfer gekostet hat und dessen Schauplätze immer brutaler werden.

Solange Sie sich dessen nicht bewusst werden, dass wir unterschiedlich sind, so lange erwarten Sie auch, dass Ihr Gegenüber genauso denkt, fühlt und handelt, wie Sie es in der gleichen Situation tun würden. Vor allem, wenn Sie verliebt sind, haben Sie diese Erwartung an Ihren Partner und sind völlig enttäuscht, wenn diese Erwartung nicht erfüllt wird bzw. wenn sich der Partner einfach nicht so verhält, wie Sie sich verhalten. Das Ergebnis sind unnötige Reibungspunkte, Missverständnisse und Konflikte.

„Männer sind vom Mars – Frauen von der Venus": Dieses Statement sollten Sie niemals vergessen. Sind Sie bereit, eine kleine Übung mitzumachen, um dieses Statement innerlich noch fester zu verankern?

Übung: **Mars & Venus**

Beschreiben Sie den Planeten Mars. Wie lebten die Marsianer? Womit beschäftigten sie sich, was war wichtig für sie?

. . . .

. . . .

. . . .

. . . .

. . . .

Beschreiben Sie nun den Planeten Venus und seine Bewohnerinnen. Wie lebten die Venusianerinnen? Was war wichtig für sie?

. . . .

. . . .

. . . .

. . . .

. . . .

Was die Wissenschaft sagt

Die folgende kurze, aber präzise Darstellung der wissenschaftlichen Sichtweise zum „kleinen Unterschied" ist eine Zusammenfassung aus der Fernsehsendung „Welt der Wunder" auf Pro7 zum Thema „Brain-Sex":

„Hätte man zu Zeiten der sexuellen Revolution behauptet, dass es tatsächlich angeborene Unterschiede im Denken und Verhalten zwischen Männern und Frauen gibt, dann wäre ein gewaltiger Aufschrei durch die Gesellschaft gegangen. Neueste wissenschaftliche Erkenntnisse scheinen es aber zu beweisen: Frauen und Männer sind anders!

So verstehen Sie sich und Ihren Partner noch besser

Die Unterschiede sind nicht nur äußerlich – auch die Funktion der Gehirne unterscheidet sich.

Das weibliche Gehirn enthält an einzelnen Stellen bis zu 11% mehr Nervenzellen pro Kubikzentimeter als das männliche Gehirn.

Nur in einer einzigen Region verfügen die Männer über mehr Nervenzellen als Frauen: im so genannten Hypothalamus, der die menschlichen Triebe steuert.

Der Gehirnbalken ist die Verbindung der Gehirnhälften. Bei den Frauen ist er etwa 20 bis 30% größer, dadurch können ihre beiden Gehirnhälften besser zusammenarbeiten.

Um die Unterschiede zwischen männlichen und weiblichen Gehirnen studieren zu können, greifen die Forscher auf modernste Technik zurück. Mit einem Computertomographen können sie ihren Versuchspersonen sozusagen beim Denken zuschauen. Ist eine Region im Gehirn aktiv, verbraucht sie mehr Energie als andere. Diese Energie lässt sich sichtbar machen. Im Versuch will man herausfinden, ob räumliches Denken und Orientierungssinn bei Männern und Frauen gleich gut entwickelt sind:

- Die Versuchsperson soll auswählen, welche der Striche aus der bunten Farbskala unten den beiden oberen Strichen entsprechen.

- Ergebnis: Männer schneiden dabei nicht nur besser ab, sie strengen sich auch wesentlich weniger an.

- Grund: Dieser kleine Unterschied macht Sinn, wenn man einen Blick auf unsere Vorfahren wirft; eine Million Jahre lang bestand die Menschheit aus Jägern und Sammlern. Auf der Jagd mussten die Männer wesentlich weitere Strecken zurücklegen als die Frauen, somit entwickelte sich ein ausgeprägter Orientierungssinn und die Fähigkeit, räumlich zu denken.

- Die Frauen dagegen hielten sich stets in der Umgebung des Lagers auf, um für die Gruppe und ihren sozialen Zusammenhang zu sorgen. Das schärfte ihren Blick für die Menschen.

Männlichen und weiblichen Testpersonen wurden u.a. Hunderte verschiedene Gesichtsausdrücke vorgespielt. Jeder sollte entscheiden, ob die Gesichter traurig oder glücklich blicken: Während die Frauen die Gefühle treffsicher und richtig deuten, scheinen die Männer gegen traurige Frauengesichter immun zu sein!

Dr. Ruben Gur sagte hierzu: ‚Ich habe dafür nur eine mögliche Erklärung: In den Anfängen der menschlichen Evolution, also in viel primitiveren Zeiten als heute, hatte die Gewalt oder die körperliche Kraft eine wesentlich größere Bedeutung. Deshalb war es für Frauen wichtig zu wissen, ob ein Mann fröhlich oder traurig war. Denn war ein Mann nicht so gut gelaunt, konnte er ungeheuren Schaden anrichten. Und zu erkennen, ob eine Frau traurig war, war für einen Mann nicht so bedeutend.'

In der Urgesellschaft waren die Rollen klar verteilt. Die Frau als Hüterin des sozialen Zusammenhalts der Gruppe, der Mann als Jäger. Man vermutet, dass die Männer deshalb bis heute besser zielen können als die meisten Frauen. Doch mittlerweile haben die Frauen ihren verdienten Platz in Männerdisziplinen eingenommen, denn sie besitzen in der Regel eine bessere Feinmotorik, eine schnellere Auffassungsgabe und ein präziseres Detailgedächtnis. Auch bei Sprachtests sind Frauen im Vorteil, da die Zusammenarbeit der Gehirnhälften hervorragend funktioniert.

Doch den größten Unterschied fanden die Forscher, als sie in die Welt der Gefühle eindrangen. Hier sind Mann und Frau grundverschieden!

Wenn Frauen denken, ist fast immer das so genannte obere limbische System beteiligt. Es gilt als Sitz der sozialen Gefühle und ist eine sehr moderne Erfindung der Natur. Nur bei Menschen und Menschenaffen ist es vorhanden. Beim Mann dagegen läuft der Vorgang des Denkens fast nur im unteren limbischen System ab. Hier werden lebenswichtige Funktionen, wie das Kalt-Warm-Empfinden überwacht, aber auch Sexualität und Aggression gesteuert. Dieses Urhirn stammt noch aus der Zeit der großen Reptilien. Schon im Kindesalter zeigt sich das männliche Geschlecht eher aggressiv, das weibliche eher sozial orientiert. Der Auslöser hierfür sind die Hormone. Bei Männern werden die Hormone im Gehirn und in den Hoden, bei Frauen im Gehirn und in den Eierstöcken gebildet.

Durch diese Vorbereitung können später Hormone, wie das männliche Testosteron und das weibliche Östrogen, optimal wirken, und die Geschlechtsunterschiede können sich im Laufe des Lebens noch vertiefen. Im Alter werden sich Männer und Frauen jedoch im Verhalten und Denken zunehmend ähnlicher, denn der Einfluss der Hormone lässt spürbar nach. Mitunter finden die Forscher auch Kurioses heraus: So schrumpft seltsamerweise das weibliche Gehirn während der Schwangerschaft; warum das geschieht und ob das Denken und die Wahrnehmung der betroffenen Frauen darunter leiden, weiß man noch nicht.

Männern, die sich deshalb über einen möglichen intellektuellen Zeitvorteil freuen, sei jedoch gesagt: Während Frauen ihre geistige Frische behalten, beginnt das männliche Gehirn ab dem 45. Lebensjahr zu schrumpfen – unwiderruflich und bei deutlich schwindender Leistung."*)

Sie können lernen, Ihre Beziehung traumhaft zu gestalten!

Woche für Woche finden Sie in der Boulevard- und Fachpresse neue Berichte über die Unterschiedlichkeiten der Geschlechter, aber erst die praktische Umsetzung dieses Wissens in den Alltag wird die Kämpfe eindämmen. Die Experten der Liebe haben

---

*) Abdruck mit freundlicher Genehmigung von „Welt der Wunder" – Pro7

weltweit bewiesen, dass die Liebe nicht an den Alltäglichkeiten scheitern muss.

Sie können lernen, Ihre Beziehung traumhaft zu gestalten: Dazu sind Bereitschaft, Training und praktische Übungen notwendig, denn nur so können die verbesserten positiven Verhaltensgewohnheiten in „Fleisch und Blut" übergehen.

Wichtig: Wenn Sie sich immer wieder bewusst machen, dass Sie lernen müssen, diese Unterschiede zwischen Männern und Frauen zu akzeptieren, dann können Sie immer leichter damit umgehen – ja, es ist sogar reizvoll, sich diesen Herausforderungen zu stellen und sie spielerisch mit einer Portion Humor zu bewältigen, beispielsweise mit folgenden humorvollen Antworten: „Liebling, würdest du mir das noch einmal erklären? Bitte so, dass dein Venus-Frauchen ihren Lieblings-Marsianer auch versteht?" oder: „Denke bitte daran, ich bin vom Mars. Ich verstehe dich jetzt nicht und brauche eine Übersetzung."

> **Praxis-Tipp:**
>
> Eine Partnerschaft ist eine große Herausforderung und eine der größten Lebensaufgaben überhaupt: Kein Partner sollte Ihnen wichtiger sein als Ihr Lebenspartner!

Was ist für Sie wertvoll?

Wissen ist nur Macht, wenn Sie dieses Wissen erfolgreich nutzen. Schreiben Sie die drei Gedanken – Ihre drei Diamanten – der vorangegangenen Seiten auf, die Ihnen persönlich wichtig sind:

- ■ . . . .
- ■ . . . .
- ■ . . . .

Alles ist Kommunikation!

Kommunikation – Gedankenaustausch, Diskussionen, geflüsterte Zärtlichkeiten … – ist für jede Beziehung wichtig. Der Mensch ist vermutlich das einzige Wesen, das sich verbal so deutlich mitteilen kann. Deshalb: Setzen Sie Ihre wunderbare Stimme zu jeder nur möglichen Gelegenheit ein, verwöhnen Sie Ihren Partner mit liebevollen Worten – doch verletzen Sie ihn nie!

Schon kleine Jungen interessieren sich für andere Dinge als kleine Mädchen. Sehr schön kann man die unterschiedlichen Interessen auch daran erkennen, welches Geschlecht welche Zeitungen liest. Auto-Magazine verschlingen schon die kleinen Helden, während sich Mädchen eher für Bravo und andere Mädchen-Zeitschriften interessieren.

Auch der natürliche angeberische Aspekt, der schon in Kindern steckt, ist nicht zu unterschätzen. So versucht schon ein kleiner Junge damit zu prahlen, dass er weiß, wer Formel 1- oder Fußball-Weltmeister geworden ist. Und ein Mädchen wäre nicht „in", würde sie nicht für eine Rockgruppe schwärmen, besser noch für den Leadsänger dieser Gruppe.

Und sind aus Mädchen Frauen geworden, greifen sie am liebsten nach Frauen-Magazinen mit zahlreichen Artikeln zu unterschiedlichsten Themen. Der Kauf dieser Magazine ist oft von Stimmungen abhängig. Hat sie gerade Liebeskummer, wird sie nach der Zeitschrift greifen, die dieses Thema behandelt; möchte sie mal wieder die Wohnung verschönern, wird sie eher das Magazin kaufen, das über aktuelle Einrichtungstrends berichtet.

Aber im Prinzip interessiert eine Frau (fast) alles, solange es um Menschen, Gefühle und Verbesserungen geht: sei es Kosmetik, eigenes Aussehen, Partnerschaft, Beziehungsprobleme, Kindererziehung, menschliche Schicksale, Verschönerungen und Veränderungen in Haus und Garten usw.

Männer hingegen interessieren sich eher für Dinge, Fakten, Zahlen, Politik, Finanzen und allgemein „handfeste" Informationen.

Wie wunderbar, dass Mann und Frau unterschiedlich sind!

Frauen sind und bleiben emotionale Wesen. Wenn sie denken, ist immer das obere limbische Gehirn (= Sitz der sozialen Gefühle) aktiv. So ist es kein Wunder, dass sie ständig über Gefühle und Menschen – aber auch über Verbesserungen – nachdenken und reden.

Für Männer ist das Thema Gefühle – weder positive noch negative – tabu. Zum einen denkt er nicht so viel über seine Gefühle nach und zum anderen will er sich nicht zu verletzlich zeigen. Lieber beißt er sich auf die Zunge, als preiszugeben, wie es in seinem Innern aussieht.

Wenn sie unter sich sind, reden Männer in erster Linie über Berufsprobleme. Das zweitwichtigste Thema ist nach einer Studie von Psychologieprofessor Alfred Gebert, Fachhochschule des Bundes in Münster, „König Fußball", gefolgt von „Saufen", Urlaub und Politik. Kunst und Theater rangieren – wie das Thema Frauen – weit hinten.

Wie Geberts Studenten bei monatelangen Beobachtungen herausfanden, suchen sich Männer ihre Partner beispielsweise fürs Kantinenessen ganz gezielt aus. „Da zeigt sich dann, wie berechnend sie sind. Von dem einen will man was erfahren, dem anderen raunt man geheimes Wissen zu, weil man sich davon Vorteile für die eigene Karriere verspricht. Selbst zum Stammtisch gingen viele Männer vordergründig, um Leute zu treffen, die man irgendwann brauchen könnte", so der Psychologieprofessor Alfred Gebert.

„Erschreckend" findet Gebert den hohen Stellenwert des Themas Alkohol: „Es wird geprahlt, wie viel man verträgt. Es werden schier unglaubliche Geschichten von zurückliegenden Zechtouren erzählt."

So verstehen Sie sich und Ihren Partner noch besser

Über Beziehungsprobleme wird nach Geberts Angaben nur selten gesprochen: „Nach außen hin wird heile Welt vorgegaukelt." Auch persönliche Niederlagen seien in Männergesprächen tabu – und wenn sie eingestanden werden, wird oft maßlos übertrieben.

„Am Stammtisch glänzen Männer gern mit Expertenwissen. Natürlich wissen sie alles besser als der Bundestrainer. Auch in der Formel 1 wären sie die Größten. Dabei können die meisten nicht zuhören, sondern fallen sich gegenseitig ins Wort", so Gebert.

Bei Männern ist meist das untere limbische System aktiv (= Reptiliengehirn: mit der älteste Teil des Gehirns, das automatisch funktioniert); es steuert die Überlebensfunktionen, das heißt Hunger, Heiß – Kalt, Flucht oder Angriff und natürlich Sex. Das limbische System wird primär durch visuelle Reize aktiviert! Dieser Teil war in der Urzeit, als der Mann seine Familie noch vor großen Gefahren beschützen musste, ungeheuer wertvoll, denn innerhalb weniger Sekunden konnte er instinktiv auf eine gefährliche Situation richtig reagieren.

Auch unterscheiden sich weibliche und männliche Internet-Surfer: Männer holen sich oft nicht nur sexy Frauenkörper auf den Bildschirm, sie können sich sogar in „Frau Unbekannt" verlieben, da sie auf visuelle Reize durch ihr Reptiliengehirn stark reagieren. Frauen dagegen chatten lieber.

Prüfen Sie sich selbst
■ Wie ist das bei Ihnen?
. . . .
. . . .
. . . .
■ Welche Themen interessieren Ihren Partner/Ihre Partnerin?
. . . .
. . . .
. . . .

Praxis-Tipp:

■ Für die Frau: Reden Sie mit ihm mehr über (sachliche) Inhalte und wechseln Sie dabei nicht so oft das Thema!

■ Für den Mann: Reden Sie mit ihr mehr über Menschen und ihre Gefühle!

Achtung: Zum Leidwesen vieler Männer reden die Frauen schrecklich viel und schrecklich gerne. Eine Studie belegt, dass weibliche Babys schon im Mutterleib ihren Kiefer 30% häufiger bewegen; das wirkt sich natürlich auf das spätere Leben aus.

Frauen sind bekannterweise die besseren Zuhörer; außerdem schauen sie ihre Gesprächspartner häufiger an und lächeln im Schnitt doppelt so häufig wie Männer. Sie interpretieren schneller Körpersprache, Gesichtsausdruck und Stimmhöhe. Dadurch gelangen sie in kurzer Zeit zu Informationen, die über das Gesprochene hinausgehen. Durch diese Gabe kommen Frauen den Männern auch schnell auf die Schliche, wenn sie lügen!

Das Sprichwort „Ein Gentleman genießt und schweigt" stimmt nur zum Teil, denn bei der ersten Verabredung ist alles ganz anders, da wollen Männer nur quatschen und ein lockeres Gespräch mit der neuen Liebe führen. Wenn die Frau ernste Themen auf den Tisch bringt oder – noch schlimmer – von ihrem Ex-Freund erzählt, nervt das allerdings viele Männer. Für viele Männer gehört es aber dazu, die Frau beim ersten Treffen zum Essen einzuladen.

Frauen können besonders gut telefonieren

Das Meinungsforschungsinstitut Emnid ermittelte, dass Frauen am Telefon lange Gespräche führen: In 62% der Haushalte führen Frauen die längsten Privattelefonate. Befragt wurden 1000 Personen in ganz Deutschland. Interessant für die neuen Telefonanbieter dürfte auch die Aussage von 34% der Frauen sein: Bei niedrigeren Telefontarifen würden sie noch mehr telefonieren.

So verstehen Sie sich und Ihren Partner noch besser

Die Männer sind als potenzielle Kunden nicht ganz so interessant. Nur 25% würden bei sinkenden Tarifen häufiger zum Hörer greifen. Insgesamt zählen sich der Untersuchung zufolge 50% der Deutschen zum Typ des „Rationalen": Für sie ist das Telefon Mittel zum Zweck und nicht das Kommunikationsmittel für einen längeren Plausch.

Befragt nach dem Grund des letzten Gesprächs, steht bei den Deutschen der Informationsaustausch mit 59% eindeutig vorn. Aber auch aus romantischen Motiven telefoniert der moderne Mensch sehr gern: Statt flammende Liebesbriefe zu schreiben, wird eher zum Hörer gegriffen. Ein Viertel der Deutschen telefoniert laut Emnid täglich mit dem Partner. Für Telefonate mit ihren Liebsten haben die Deutschen zudem unterschiedliche Lieblingsplätze: Für jeden Dritten ist es das Sofa, das besonders Frauen (42%) bevorzugen. 6% der Befragten plaudern gern vom Bett aus, übrigens umso lieber, je weiter entfernt der Partner wohnt. 2% der Deutschen sprechen mit ihrem Partner am liebsten, wenn sie in der Badewanne liegen.

Was die Wissenschaft sagt

Die Sprachzentren im Gehirn sind bei Frauen um rund ein Drittel größer als das von Männern, das heißt, in Relation sogar fast doppelt so groß. Alle Untersuchungen zeigen, dass Frauen ein besseres Sprach- und Wortverständnis haben und in der Regel auch Fremdsprachen sehr viel leichter lernen. Die zwei wichtigsten Sprachzentren sind:

■ Das Broca-Zentrum (= Bezeichnung für das in der dritten linken Stirnwindung des Großhirns liegende motorische Sprachzentrum – benannt nach dem französischen Chirurgen und Anthropologen Paul Broca) sorgt dafür, dass Worte flüssig über die Lippen kommen: Sprachgestaltung und Sprachflüssigkeit.

- Das Wernicke-Zentrum (benannt nach Carl Wernicke, Professor in Berlin, Breslau und Halle/Saale – Untersuchungen besonders über Aphasie/Sprachlosigkeit, wobei er das Sprachzentrum entdeckte), verarbeitet Geräusche und Laute: Wortfindung und Verstehen.

Eine weitere Ursache liegt jedoch auch in der Sozialisation: Mädchen bevorzugen soziale Spiele – wahrscheinlich neigen Eltern unbewusst dazu, die sprachlichen Fähigkeiten ihrer Töchter stärker zu fördern.

Übrigens ist es auffallend, dass Männer, die ohne Vater aufgewachsen sind, häufig etwas mehr reden als der klassische Durchschnittsmann.

Situation: Er kommt abends nach Hause, hat schon seine Worte verbraucht, denn ein Mann spricht im Laufe eines Tages etwa 4000 Worte, während eine Frau im Durchschnitt 10 000 Worte von sich gibt. Das heißt, sein Wortevorrat ist am Abend erschöpft, während sie bestimmt noch 6000 Worte übrig hat. Neuere Zahlen liegen sogar noch etwas höher – das Verhältnis bleibt jedoch immer: Frauen sprechen zwei- bis dreimal mehr Worte als Männer.

Praxis-Tipp:

Die schweigsamen Männer unter Ihnen sollten unbedingt folgenden Rat beherzigen: Es geht der Seele Ihrer Partnerin schlecht, wenn sie ihre Worte, ob positiv oder negativ, nicht loswerden kann. Ja, sie leidet ungeheuer darunter. Wenn sie jedoch alles erzählen kann, was sie auf dem Herzen hat, ist sie fröhlich, glücklich und ausgeglichen.

Liebe Männer, Sie sollten anfangen, Ihrer Partnerin genau das zu geben, wonach sie sich sehnt. Und – sind Sie doch froh, dass Ihre Partnerin so neugierig ist, sonst wären Sie bestimmt nicht so auf dem Laufenden. Seien Sie doch einmal ehrlich: Nur über sie erfahren Sie doch genau das, was Sie interessiert und was Sie gern wissen möchten. Was also sollte der erfolgreiche Zukunfts-mann trainieren?

- Die Frau zum Reden zu bringen, indem Sie viele Fragen stellen.

- Dabei bitte nicht wütend oder ungeduldig werden, wenn sie von Gefühlen und Problemen berichtet.

- Ihr einfach nur zuhören! Lassen Sie sie einfach reden, auch wenn Sie einmal nicht in der Stimmung sind, ihr zuzuhören.

Ein anderes Thema: Haben Sie sich schon einmal gefragt, warum die Psychotherapeuten in erster Linie von Frauen aufgesucht wer-den: „Hier hört mir endlich jemand zu!" Dies ist ein Hilferuf – und die Hauptbeschwerde gegen Männer: „Er hört mit nicht zu!" „Er versteht mich nicht!"

Denken Sie doch einmal darüber nach, was so ein Psychothera-peut eigentlich macht: Er hört zu, stellt viele Fragen, interessiert sich für Ihre Gefühle und ist einfühlsam – kein Wunder also, dass sich die meisten Frauen in ihren Therapeuten verlieben.

Übung: **Für den Mann**

Denken Sie daran, dass es ihr umso besser geht, je mehr sie reden kann – und je mehr sie den Eindruck gewinnt, dass Sie wirklich ver-suchen, sie zu verstehen. Hier wirkt übrigens folgende Metapher wahre Wunder: Stellen Sie sich doch vor, dass Ihre Partnerin Ihr allerwichtigster Kunde ist. Wie würden Sie sich dann verhalten?

. . . .

. . . .

. . . .

. . . .

. . . .

Die kanadische Forscherin Sandra Witelson fand heraus, dass weibliche Gehirne rund 11% mehr Neuronen besitzen, obwohl sie im Mittel kleiner sind als ihr männliches Pendant. Frauen sind in der Lage, fortwährend Sätze zu bilden, während Männer eher an Fußball oder Geschäfte denken.

Was sollte die moderne Frau lernen, wenn sie mit Männern erfolgreich kommunizieren will?

- Damit er sie versteht, muss alles kurz sowie knapp und auf direktem Wege auf den Punkt gebracht werden.

- Er kann ihr die Wünsche nicht von den Augen ablesen! Deshalb sollte sie ihre eigenen Wünsche erkennen und nicht warten, bis er sie erkannt hat.

- Sie sollte ihn liebevoll und mit einem Lächeln um etwas bitten – nicht barsch fordern! Allerdings sollte sie die Sätze so kurz wie möglich halten und niemals die Worte „kannst du ..." benutzen. Optimal sind die Worte „würdest du ..." in Kombination mit einem Lächeln.

Wichtig: Zuerst lächeln Sie ihn an – dadurch gewinnen Sie seine Aufmerksamkeit, dann erst bitten Sie ihn: „Würdest du mir diese Blumen schenken?" Aber denken Sie daran, der Ton macht die Musik! Dann: Schweigen Sie und warten Sie mindestens 40 Sekunden ab. Es kann passieren, dass er zunächst das Gesicht verzieht. Bitte lernen Sie, diesen Ausdruck zu ignorieren. Wichtig ist, dass Sie schweigen und einfach darauf vertrauen, dass er es tun wird, wenn es ihm möglich ist!

Es macht eine Partnerin in den Augen ihres Partners sogar attraktiv, wenn er ihre Wünsche erfüllen kann. Dazu muss er jedoch genau wissen, was sie sich wünscht. Auch wenn Sie beruflich viel mit Männern zu tun haben, sollten Sie lernen, die Dinge so zu formulieren, dass es die Männer auch verstehen.

Machen Sie regelmäßig Komplimente?

Männern fällt es schwer, Komplimente zu machen und Liebesgeflüster von sich zu geben. Am Anfang einer Beziehung gibt er sich noch viel Mühe; später fällt es ihm immer schwerer, und seine Partnerin muss nachhelfen und ihn herausfordern: „Liebling, wie sehe ich heute aus?" Da häufig nur ein knappes „Gut, wie immer!" kommt, sollten Frauen darüber wirklich nicht enttäuscht sein und denken: „Er interessiert sich nicht mehr für mich" oder „Er liebt mich nicht mehr" oder „Wenn er mich wirklich liebt, dann würde er doch …".

Bedenken Sie, dass der Mann in diesem Moment nur den Gesamteindruck wahrnimmt, nicht jedes Detail. Er ist eben sehr viel wörtlicher zu verstehen und neigt nicht so sehr zu Übertreibungen. Aus seiner Sicht hat er sicherlich Recht: Sie sehen tatsächlich gut aus und im Großen und Ganzen wie immer.

Prüfen Sie sich selbst

- Wie häufig machen Sie Ihrem Marsianer bzw. Ihrer Venusianerin ein Kompliment?

  . . . .

  . . . .

  . . . .

- Wann haben Sie ihm/ihr das letzte Mal ein Kompliment gemacht?

  . . . .

  . . . .

  . . . .

- Wofür haben Sie das Kompliment gemacht und mit welchen Worten?

  . . . .

  . . . .

  . . . .

- Hatten Sie als Frau/als Mann schon einmal das Gefühl, zu viele Komplimente zu bekommen?

  . . . .

  . . . .

  . . . .

Kleine Komplimente-Kunde

Frauen lieben Komplimente – sie können nie genug davon bekommen, vor allem was ihre Attraktivität betrifft, denn kaum eine Frau findet sich hübsch genug.

Wichtig: Je öfter Sie ihr ein Kompliment machen, umso mehr Selbstbewusstsein und Ausstrahlung gewinnt sie.

Übung: Komplimente machen

Was gefällt Ihnen an Ihrem Partner/Ihrer Partnerin? Bitte listen Sie mindestens zehn Punkte auf.

- . . . .

- . . . .

- . . . .

- . . . .

So verstehen Sie sich und Ihren Partner noch besser

- . . . .
- . . . .
- . . . .
- . . . .
- . . . .
- . . . .

Regeln, um ein wirkungsvolles Kompliment zu machen

Gut ist niemals gut genug!

Jedes Kompliment kommt beim Empfänger eine Stufe negativer an, das heißt, übertreiben Sie ruhig ein bisschen. Statt „Du hast ein hübsches Kleid" sagen Sie besser: „Dieses Kleid steht dir so gut, du siehst darin aus wie eine Königin".

Frauen lieben Details

Machen Sie Komplimente für Details, beispielsweise Glanz der Augen, der Haare, strahlendes Lächeln, Form der Ohrläppchen, usw.

Mindestens drei Komplimente pro Woche!

Wiederholen Sie das Kompliment im Verlauf des Gesprächs. Vertrauen Sie auf die Wirkung Ihrer Worte, das heißt, auch wenn Sie nicht sofort die positive Wirkung Ihrer Worte feststellen können, so werden diese doch ankommen und die gewünschte Wirkung entfalten – allerdings dauert das manchmal etwas. Pflanzen Sie diesen Gedanken – er wird zu einer Gewissheit wachsen.

Verzichten Sie bitte auf vergleichende Komplimente!

Sagen Sie bitte nicht: „Dieses rote Kleid steht dir ja so gut – viel besser als die komische Bluse, die du gestern getragen hast."

In diesem Augenblick möchten Sie garantiert die meisten Frauen auf der Stelle erwürgen. Der erste Teil des Satzes hätte vollkommen gereicht!

Fällt es Ihnen schwer, ein Kompliment zu machen? Vielleicht gehören Sie zu denjenigen, die sich schrecklich schwer tun, Komplimente zu machen.

Praxis-Tipp:

Nehmen Sie sich Ihren Kalender vor und markieren Sie, an welchen Tagen in den nächsten vier Wochen Sie Ihrer Partnerin bzw. Ihrem Partner ein Kompliment machen werden. Bitte drei pro Woche, jedoch nicht zu regelmäßig verteilt!

Wichtig: Überlegen Sie schon vorher, was für ein Kompliment Sie machen werden, denn einiges kann immer zutreffen, und Sie dürfen, ja Sie sollen in dieser Phase sogar lügen. Sie schauen ihn/sie beispielsweise an und sagen: „Schatz, deine Augen strahlen heute so sehr." Schreiben Sie sich zunächst das Kompliment auf und sprechen es mindestens zehnmal laut vor sich hin. Sie werden sehen, wie viel leichter es geht.

Nehmen Sie es gelassen: Es ist ein Spiel, und Sie sollten alle möglichen Varianten ausprobieren!

Ich garantiere Ihnen, dass Ihre Partnerin bzw. Ihr Partner viel glücklicher wird, wenn Sie bereit sind, in den nächsten vier Wochen mindestens drei Komplimente pro Woche zu machen! Vielleicht werden Sie die Macht des gesprochenen Wortes erkennen und eine neue, positive Gewohnheit entwickeln.

Wenn Ihnen Ihr Partner bzw. Ihre Partnerin ein Kompliment macht, dann freuen Sie sich darüber, nehmen es dankend an und lächeln Sie. Mit anderen Worten: Reagieren Sie positiv und werten das Kompliment bitte nicht ab. Sagen Sie bitte nicht: „Danke, das ist selbstverständlich" (nicht nötig o.Ä.). Denken Sie daran, dass ein erfreutes Danke eine positive Suggestion ist, das heißt, es macht aus Ihrem Partner bzw. Ihrer Partnerin einen „Wiederholungstäter", was Komplimente betrifft.

Achtung: Folgenden Fehler sollten Sie auf keinen Fall machen: Ein Mann hat ein Rendezvous mit einer Frau:

„Sie haben eine wunderbare Figur."

Sie antwortet: „Ich bin unglücklich, denn ich habe zugenommen."

Er: „Ihre Augen gefallen mir, sie sind wunderschön."

Sie antwortet: „Mir gefallen sie aber gar nicht, sie sind zu klein."

Er: „Aber Ihr Mund ist sehr verführerisch."

Sie antwortet: „Ich habe doch viel zu dicke Lippen."

Nun antwortet der Mann: „Wissen Sie was, Sie haben mich überzeugt – auf Wiedersehen!"

Wozu reden?

Zu gern stellen Frauen die Frage: „Liebst du mich eigentlich noch?" Kurz und knapp folgt seine Antwort: „Das weißt du doch, hätte ich dich sonst geheiratet?"

Zu gern hätte sie aber ein bisschen mehr gehört, wie:

„Ja, natürlich, ich bin sehr glücklich mit dir."

Achtung: Er beantwortet die Frage auf der rein sachlichen Ebene, sie versucht durch diese Frage etwas über den aktuellen Stand ihrer Beziehung zu erfahren.

Stellen Sie nicht nur die Frage, ob er/sie Sie noch liebt, sondern holen Sie ein wenig weiter aus, erinnern Sie ihn/sie an wunderschöne Stunden, die Sie vor kurzem miteinander verbracht haben. Fragen Sie, ob er/sie sich auch so gern daran erinnert und dass Sie diese Stunden gern bald wiederholen möchten.

Sagen Sie, dass Sie die Stunden mit ihm/ihr allein besonders genießen. – Dann können Sie ja fragen: „Wie empfindest du das, und liebst du mich noch so wie am Anfang?"

Denken Sie immer daran: Nur mit Liebe, Lust und Leidenschaft kommen Sie zum gemeinsamen Erfolg!

Was ist für Sie wertvoll?

Wissen ist nur Macht, wenn Sie dieses Wissen erfolgreich nutzen. Schreiben Sie die drei Gedanken – Ihre drei Diamanten – der vorangegangenen Seiten auf, die Ihnen persönlich wichtig sind:

■ . . . .

■ . . . .

■ . . . .

Frauen denken anders, Männer auch

Haben Sie schon mal einen Mann dabei beobachtet, wenn er Zeitung liest? Wenn er einen spannenden Film oder Formel 1 im Fernsehen anschaut? Oder wenn er ein Computerproblem zu lösen hat? Was konnten Sie beobachten? Richtig – er ist nicht ansprechbar, denn er ist so vertieft in diese eine Sache. Wenn Sie ihn in diesen Augenblicken rufen, dann wird er zunächst nicht reagieren, vielleicht wird er Ihnen sogar noch einen bösen Blick zuwerfen, da Sie es wagen, ihn in seiner Konzentration zu stören. Und je wichtiger eine Sache für einen Mann ist, umso konzentrierter ist er. Frauen dagegen können mehrere Dinge gleichzeitig tun, denn sie sind wahre Organisationstalente. Da dies für Frauen das Natürlichste auf der Welt ist, können sie gar nicht verstehen, warum sich ihr Partner während eines Filmes nicht mit ihnen unterhalten will.

So verstehen Sie sich und Ihren Partner noch besser

Die folgende Geschichte von Harvey Mackay aus seinem Buch „Suche dir Freunde, bevor du sie brauchst" verdeutlicht dies sehr schön:

„Meine Frau und ich haben völlig unterschiedliche Arten, mit Dingen umzugehen. Ich will Ihnen ein Beispiel erzählen: Wir saßen in einem überfüllten Sportstadion und sahen uns ein spannendes Tennisspiel der US-Open an. 20 000 Zuschauer auf den Tribünen konzentrierten sich auf das Spiel. Carol Ann (meine Frau) hatte andere Prioritäten. Sie unterhielt sich angeregt mit ihrer Nachbarin. Ich bedachte meine Frau mit ein paar eindringlichen Blicken. Keine Reaktion. Dann ein lautes ,Schhh'. Nichts. Mittlerweile war ich so abgelenkt, dass ich den Satzball verpasste. Und was noch viel schlimmer war, Carol Ann verpasste ihn keineswegs. Sie erklärte sogleich, dass dies nicht nur der entscheidende Punkt, sondern der bestgespielte Ball des ganzen Matches war, und wandte sich fröhlich wieder ihrer Nachbarin zu!"

Was die Wissenschaft sagt

Auch hier liegt die Ursache in der unterschiedlichen Differenzierung der Gehirne. Der Gehirnbalken, der so genannte Corpus callosum, ist bei Frauen weitaus größer. Es handelt sich hierbei um eine Art Datenleitung, die zwischen der rechten und linken Gehirnhälfte vermittelt. Je größer dieser Balken ist, umso mehr Impulse wandern zwischen den Gehirnhälften hin und her. Hinzu kommt, dass bei Frauen beim Denkenn noch das obere limbische System aktiv ist, also Emotionen auch eine Rolle spielen. Die Folge ist: Wenn Männer denken, ist immer nur eine Gehirnregion aktiv; so sind sie ganz und gar auf eine Sache konzentriert, das heißt, nur eine Handlung ist möglich. Zwei Dinge auf einmal gelingen einem Mann nur, wenn eine davon automatisiert ist, das heißt, eine gut gelernte Handlung wie das Autofahren darstellt: In dieser Situation ist es ihm möglich, gleichzeitig auch noch zu reden.

Wichtig: Männer haben einen so genannten Tunnelblick, sie konzentrieren sich immer nur auf einen Punkt. Frauen dagegen sind „multi-tasking-fähig", das heißt, sie können viele Dinge gleichzeitig machen, was aber auch Gefahr des Verzettelns bedeuten kann. Denn Frauen denken oft, dass sie gleich alles sagen müssen, was sie auf dem Herzen haben: Doch weniger ist hier oft mehr und effektiver! Aber das fällt ihnen schwer, weil bei Frauen das ganze Gehirn beim Denken aktiv ist. Das ist auch der Grund, warum Frauen im Verlauf eines Gespräches das Thema wechseln, da sie oftmals an alles Mögliche gleichzeitig denken. Sie neigen dazu, sich zu verzetteln, weil sie zu viel auf einmal machen wollen – und dann passiert es nicht selten, dass sie das Ziel aus den Augen verlieren!

Denken Sie an die Geschichte mit Carol Ann beim Tennisspiel der US-Open (siehe Seite 96). Für sie war es überhaupt kein Problem, dem Tennismatch zu folgen und gleichzeitig ein gutes Gespräch zu führen – für ihn undenkbar!

Diese Eigenheit des weiblichen Gehirns stattet die Frau perfekt aus für ihre Mutterrolle. Eine Mutter braucht Emotionen, soziales Geschick und großes Organisationstalent. All dies haben Frauen sozusagen bereits mit auf die Welt gebracht. Männer haben dagegen die besondere Gabe, instinktiv ihre Energie auf eine Sache zu konzentrieren.

Praxis-Tipp:

Es ist sehr wichtig, in einer Partnerschaft Aufgaben zu teilen. Jeder soll die Aufgaben übernehmen, die er am besten kann. So entsteht auch keine Konkurrenz zwischen den Partnern, und jeder hat einen sehr klar abgegrenzten Bereich.

Der Mann sieht das Ziel, die Frau den Weg

Männer haben immer ein Ziel vor Augen – sie interessiert im Grunde nur das Ergebnis. Ihr Motto: Auf dem schnellsten, kürzesten und direktesten Weg zum Ziel! Frauen hingegen suchen sich immer den schönsten Weg aus, denn sie lieben es, unterwegs noch ein paar Dinge zu erledigen oder einfach an Schaufenstern entlangzubummeln, und freuen sich, wenn sie ein paar nette Freunde oder Bekannte treffen.

Wenn die Frau – einfach nur so – einen Schaufensterbummel machen möchte, dann ist Streit vorprogrammiert. Denn der Mann kann es einfach nicht verstehen, warum sie stundenlang bummeln kann, von einem Modegeschäft ins andere geht, zahlreiche Outfits anprobiert, aber keines kauft – und erst genug davon hat, wenn die Geschäfte schließen.

Die Frau denkt beim Bummeln auch an ihn und all die Menschen, die ihr am Herzen liegen. Sieht sie beispielsweise eine schöne Krawatte, kauft sie diese spontan und möchte ihn damit überraschen! Es kommt auch sehr oft vor, dass sie sogar ihre eigenen Wünsche und Bedürfnisse vergisst und überlegt, womit sie ihm oder auch anderen eine Freude machen kann – ohne dabei eine Gegenleistung zu erwarten. Ihr geht es nur darum, die Menschen, die sie liebt, glücklich zu machen. Die Gefahr dabei ist: Nicht selten verzettelt sie sich dabei und verliert ihr Ziel aus den Augen.

Der Mann hingegen denkt nur an sein Ziel und geht auch nur dann bummeln, wenn er genau weiß, was er kaufen will. Hat er das Gewünschte gefunden, bezahlt er und will schnell wieder nach Hause.

Praxis-Tipp:

■ Wenn Sie mit Ihrem Partner bummeln gehen möchten, geben Sie ihm ein Ziel und einen genauen Zeitrahmen vor.

■ Was möchten Sie kaufen bzw. erledigen? Gehen Sie Ihren Weg gedanklich durch und schreiben Sie auf einen Zettel, was Sie besorgen möchten. Das bewahrt Sie vor „Zick-Zack-Einkäufen"!

■ Überlegen Sie vorher, wie viel Zeit Sie ungefähr für Ihre Besorgungen benötigen, damit gewährleisten Sie, dass Sie nicht hetzen müssen. Bitte halten Sie sich an Ihre maximale Zeitangabe!

Die Liebe braucht Zeit!

Für Ihre Sexualität sollten Sie sich immer Zeit nehmen! Denn in diesem Bereich ist eine stark unterschiedliche Orientierung von Männern und Frauen zu erkennen. Er freut sich auf das Ziel: den Orgasmus – während sie den Weg dahin, also das Schmusen, Kuscheln usw. genießt. Sie braucht viel Zeit, bis sie zur Ruhe kommt und sie einzig und allein das „Liebesspiel" genießen kann. Ihr kann der Weg gar nicht lang genug sein.

Hat der Mann sein ersehntes Liebesziel erreicht, ist für ihn das Projekt abgeschlossen; wozu dann noch ein Nachspiel? Nach diesem Kraftakt schüttet sein Gehirn Hormone aus, die ihn müde machen, so dass er häufig zufrieden neben seiner Partnerin einschläft, anstatt sie zärtlich zu streicheln, ihr liebe Worte zu sagen oder sie einfach nur in den Arm zu nehmen! Die Folge ist: Sie ist frustriert und fühlt sich ungeliebt, weil sie nichts von seinen Hormonen weiß. Bei ihr verhält es sich genau umgekehrt – jetzt ist sie fit und zu allem bereit.

Praxis-Tipp:

Am sinnvollsten ist es, wenn beide genau das bekommen, was sie brauchen. Verhandeln Sie: Mal darf er schnell zum Ziel kommen, mal bekommt sie ihre ausgedehnten romantischen Stunden.

Männer haben immer nur ein Ziel vor Augen!

Bedenken Sie: Wenn wir ihnen kein Ziel vorgeben (= unsere Wünsche, aber bitte immer nur einen), dann suchen sie sich ein eigenes Ziel! Wenn wir um nichts bitten, dann denken sie, dass alles in Ordnung ist und dass wir nichts brauchen!

Schnurren Sie beispielsweise wie ein Kätzchen und sagen Sie ihm, was Sie sich zu Ihrem Geburtstag wünschen. Wenn Sie ein paar Wochen vor diesem Tag Ihre Wünsche immer wieder erwähnen, wird einer von Ihren Wünschen zu Ihrem Geburtstag bestimmt in Erfüllung gehen. Genauso können Sie sich kurz vor Weihnachten oder vor Ihrem Hochzeitstag verhalten.

Wenn Sie etwas ganz Besonderes wünschen, sollten Sie auch direkter werden und sogar schon das Geschäft nennen, damit erleichtern Sie ihm sogar noch den Einkauf, beispielsweise: „Stell dir vor, gestern habe ich doch zufällig beim Juwelier … eine wunderschöne Goldkette gesehen; sie ist im linken Schaufenster besonders gut präsentiert! Würdest du mir die Kette schenken?" (dann schweigen). Er braucht ein klares Ziel.

Wichtig: Diese unterschiedlichen Denkweisen müssen wir einfach akzeptieren und sie dazu nutzen, das Beste daraus zu machen und unseren gemeinsamen Vorteil daraus zu ziehen! Man kann nicht oft genug betonen: Kein Mensch gleicht dem anderen – nicht im Verhalten, nicht in der Stimme, nicht in der Mimik und nicht im Denken!

Praxis-Tipp:

Wir müssen lernen, die Sprache des anderen zu verstehen, die Andersartigkeit zu akzeptieren und zu respektieren:

- Nur dann haben wir die Chance, die Gedanken des anderen nachzuvollziehen, ihm mehr Verständnis entgegenzubringen und seine Äußerungen besser zu interpretieren.

- Nur dann werden wir mit der Zeit den Satz: „Du kannst mich einfach nicht verstehen" aus dem Vokabular streichen können!

Was ist für Sie wertvoll?

Wissen ist nur Macht, wenn Sie dieses Wissen erfolgreich nutzen. Schreiben Sie die drei Gedanken – Ihre drei Diamanten – der vorangegangenen Seiten auf, die Ihnen persönlich wichtig sind:

- . . . .

- . . . .

- . . . .

An dieser Stelle sollten wir festhalten, wie wunderbar es doch ist, dass Frauen und Männer unterschiedlich sind – sonst wäre das Leben doch viel zu langweilig. Sehen Sie diese Unterschiede positiv, lernen Sie, damit umzugehen – dann wird Ihr Leben zu zweit immer interessant und wunderschön sein!

Es ist schon seltsam im Leben: Wir begegnen immer wieder Menschen, mit denen wir uns auf Anhieb verstehen und die wir sympathisch finden – sozusagen haben wir die gleiche Wellenlänge. Wie oft ist es uns schon passiert, dass der andere etwas sagt und Sie denken im Moment genau das Gleiche.

Die Sehnsüchte des Partners kennen

Wer möchten Sie eigentlich sein? Ein sagenhafter Held? Eine traumhafte Prinzessin? Aber verhalten Sie sich auch entsprechend? Welche Rolle spielen Sie in dieser Beziehung?

Im Grunde genommen stecken in jedem Menschen zwei Menschen: der Mensch, der wir im Augenblick sind, und der Mensch, der wir gerne sein möchten.

Tief in seinem Herzen sehnt sich der Mann danach, ein großer, bewunderter Held zu sein. Sie hingegen träumt davon, (s)eine wunderschöne, allseits geliebte Prinzessin zu sein. Er möchte so gerne in ihren Augen ein strahlender Held sein, während sie sich danach sehnt, wie eine Prinzessin auf Händen getragen zu werden. Sie möchte spüren, dass sie für ihn die tollste Frau auf der ganzen Welt ist.

Prüfen Sie sich selbst

- Stellen Sie sich einmal selbst die Frage, ob Sie sich auch so verhalten wie ein Held, wie eine Prinzessin? Wenn ja, dann beschreiben Sie bitte dieses Verhalten:

  . . . .

  . . . .

  . . . .

- Behandeln Sie Ihren Partner wie einen Helden? Behandeln Sie Ihre Partnerin wie eine Prinzessin? Wenn ja, dann beschreiben Sie bitte, wie:

  . . . .

  . . . .

  . . . .

Wenn Sie dies verinnerlichen und auch danach handeln, werden Sie feststellen, dass es Ihnen mit der Zeit sogar Spaß macht, diese Rollen zu spielen, denn wie heißt es doch in Shakespeares „Wie es euch gefällt": „Die ganze Welt ist Bühne, und alle Frau'n und Männer bloße Spieler. Sie treten auf und gehen wieder ab, sein Leben lang spielt einer manche Rollen, durch sieben Akte hin."

Wichtig: Sie entscheiden, welche Rolle Sie im Leben spielen – und niemand anderer. Es ist wie beim Schachspiel, nur dass Sie sich im wahren Leben aussuchen können, ob Sie Bauer oder König sein wollen!

Und seien Sie doch einmal ganz ehrlich zu sich selbst: War und ist es nicht immer wieder schön und hatten Sie nicht immer wieder ein herrliches Gefühl, wenn Sie Ihrem Partner mit Worten, mit Gesten, mit Ihrem Verständnis ein gutes Gefühl vermittelt haben? In diesen Momenten haben Sie doch sicher gedacht: Nie war es so schön wie heute! Lassen Sie diese Momente so oft wie möglich in Ihre Zweisamkeit eintreten, dann werden Sie immer seine „Prinzessin" sein und behandeln Sie Ihren Partner wie einen Helden, dann wird er auch immer Ihr Held bleiben.

Ein liebevoller Kosename wirkt Wunder!

Allein der Spitz- bzw. Kosename, den Sie für Ihren Partner gewählt haben, sagt schon viel über Ihre Einstellung aus! Sind diese Beschreibungen für einen Helden oder für einen Langweiler, ein Kleinkind oder einen Versager? Vielleicht gefallen Ihnen die folgenden für Ihren Helden: mein Schatz, Prinz, Tiger, Wahnsinnstyp, Superman, Königstiger!

Und wie könnten Sie Ihre Partnerin rufen? Vielleicht „Mutti" oder „Pummelchen"? Dann dürfen Sie sich natürlich nicht wundern, wenn Ihre einstmals so schöne Prinzessin sich schon bald wie eine „Mutti" verhält und von Jahr zu Jahr immer runder wird! Wie wäre es denn mit: mein Schatz, Traumfrau, Sonnenschein, Stern, Liebesgöttin, Schönheit usw. Würden diese Kosenamen nicht eher zu Ihrer Prinzessin passen?

Übung: Helden bewundern

Übrigens: Helden lieben Bewunderung; sie lechzen danach und können nie genug davon bekommen! Sind Sie bereit, Ihren Partner noch zu bewundern? Wie tun Sie das? Was sagen Sie?

. . . .

. . . .

. . . .

. . . .

. . . .

Leider gibt es manche Frauen, die sich lieber die Zunge abbeißen, als ihrem Mann zu sagen, was für ein „toller Hecht" er ist und wie stolz sie auf ihn sind. Diese Frauen sollten gezielt trainieren, um ihrem Partner ein tolles Gefühl zu vermitteln – was seine Person angeht. Dies gilt auch im umgekehrten Fall: Leider gibt es manche Männer …

Wichtig: Lassen Sie Ihrer Fantasie freien Lauf und kreieren Sie einen eigenen liebevollen Namen, den Sie gern aussprechen und mit dem Sie ein schönes Erlebnis verbinden. Aber vor allem sollte er passend sein – für einen Helden oder eine Prinzessin!

Beispiel:

Sie waren im Urlaub am Meer, haben sich dort besonders gut verstanden, und Ihre Liebe ist an diesem Urlaubsort noch schöner und intensiver geworden. Beim Strandspaziergang haben Sie einen schönen Seestern entdeckt. Nun liegt es nahe, den Kosenamen „Seesternchen" oder abgekürzt „Sternchen" zu wählen. Jedes Mal, wenn Sie diesen Namen aussprechen, werden Sie sich an die traumhaft schönen Urlaubstage erinnern – ein Glücksgefühl geht durch Ihren Körper, und Ihre Partnerin fühlt sich wirklich wie eine Prinzessin!

Aber lassen Sie nicht nur dieses Gefühl entstehen, sondern sagen Sie auch öfter mal „Prinzessin" zu ihr. Sie werden angenehm überrascht sein, welche Wirkung das ausstrahlt. Bei dieser Anrede weiß sie genau, dass sie Ihre alleinige und einzige Herzdame ist!

Und warum sollten Sie Ihren Helden nicht auch mit dem klangvollen Namen „Prinz" anreden? Versetzen Sie sich gemeinsam, z.B. abends vor dem Einschlafen in eine Märchenwelt, lassen Sie einfach alles auf sich einströmen und schlafen Sie lächelnd sowie entspannt ein. Lassen Sie Ihren Träumen freien Lauf. Am anderen Morgen werden Sie mit wunderschönen Erlebnissen glücklich erwachen und darauf gespannt sein, was Ihr Partner aus seiner Märchenwelt mitgebracht hat. Ein herrliches Spiel – zur Wiederholung empfohlen!

Auch werden Sie erleben, dass es ihm „runtergeht wie Öl", wenn Sie ihn voller Stolz mit „mein Held" ansprechen! Übrigens ist dies noch wirkungsvoller, wenn Sie es in der Öffentlichkeit tun.

Praxis-Tipp:

Mit liebenswerten Namen, am besten ergänzt durch eine zärtliche Geste, erreichen Sie herrliche Glücksgefühle und eine noch intensivere gegenseitige Zuneigung.

Übung: **Beachtung schenken**

Erfolgreiche Ehen zeichnen sich dadurch aus, dass sich die Partner auch nach Jahrzehnten noch idealisieren, das heißt ihre Stärken beachten und ihre Schwächen ignorieren! Welcher seiner/ihrer Stärken wollen Sie in Zukunft mehr Beachtung schenken?

. . . .

. . . .

. . . .

. . . .

. . . .

So verstehen Sie sich und Ihren Partner noch besser

Johann Wolfgang von Goethe hat dies in schöne Worte gefasst: „Wenn wir die Menschen nehmen, wie sie sind, so machen wir sie schlechter; wenn wir sie behandeln, als wären sie, was sie sein sollten, so bringen wir sie dahin, wohin sie zu bringen sind."

Männer wollen Frauen glücklich machen

Wenn sich ein Mann verliebt, öffnet sich sein Herz, und plötzlich spürt er, dass es da einen Menschen gibt, dessen Wohlergehen ihm wichtiger ist als sein eigenes. Nichts wünscht er sich sehnlicher, als seiner Geliebten zu dienen und sie glücklich zu machen!

Wussten Sie, dass das Lächeln einer Frau anziehender wirkt als alle ihre Kurven? Das fanden amerikanische Wissenschaftler bei einem Test mit 4000 Männern heraus. Danach macht Männer alles über der Halslinie mehr an als Busen, Beine und Po. Die Rangliste der Anziehungskraft liest sich wie folgt:

- 33%: Lächeln
- 31%: Gesicht und Haare
- 18%: Busen
- 18%: Beine

Gerade weil die Männer ihre Frauen zu gerne glücklich machen möchten, werden sie auch gerne ihre Wünsche erfüllen. Dafür muss er jedoch wissen, was sie sich wünscht.

Übung: Den Partner glücklich machen

Wie können Sie ihm vermitteln, dass er Sie glücklich macht bzw. wie er Sie noch glücklicher machen kann?

. . . .

. . . .

. . . .

. . . .

Was ist für Sie wertvoll?

Wissen ist nur Macht, wenn Sie dieses Wissen erfolgreich nutzen. Schreiben Sie die drei Gedanken – Ihre drei Diamanten – der vorangegangenen Seiten auf, die Ihnen persönlich wichtig sind:

- ....
- ....
- ....

Wer braucht was, um zufrieden zu sein?

Machen Sie einen ganz einfachen Test mit Ihrem Partner: Fragen Sie ihn, ob er sich noch an die ersten Augenblicke Ihrer Liebe erinnert! Wenn er dann lächelt und diese Frage bejaht, ist er wahrscheinlich glücklich und liebt Sie noch – und die Aussichten für Ihre gemeinsame Zukunft sind hervorragend!

Das Geheimnis einer glücklichen Partnerschaft

Unter der Leitung des amerikanischen Psychologen John Gottman haben Forscher der Universität Washington erstmals mit wissenschaftlichen Methoden untersucht, was das Geheimnis einer glücklichen Partnerschaft ist. Das Ergebnis der Untersuchung: Es gibt vier Verhaltensweisen, die eine Partnerschaft am meisten gefährden – Verachtung, Kritiksucht, Abwehrhaltung und Verschanzen. Wenn sich Partner hinter einer inneren Mauer verschanzen, sind positive Kommunikation und gegenseitiges Verständnis kaum mehr möglich.

Das tiefe Verstehen für das Seelenleben des anderen war jedoch ein Faktor, der alle glücklichen Paare auszeichnete. Männer wie Frauen gaben an, dass die Qualität ihrer Freundschaft der wichtigste Part für ihre Zufriedenheit in der Partnerschaft sei.

Glückliche Paare zeichneten sich überdies dadurch aus, dass sie sich auf konstruktive Art auseinander setzen. Gottman stellte fest, dass sie während eines Streits häufig versuchen, eine Versöhnung herbeizuführen, bevor sie „über negative Äußerungen die Kontrolle verlieren".

Wichtig: Glückliche Paare setzen gezielt Humor ein, der ihnen hilft, Streitigkeiten gelassener zu nehmen!

In guten Partnerschaften schätzen und respektieren sich beide. Diese Haltung hilft ihnen, dauerhafte Probleme positiv zu lösen. Gottman unterscheidet zwischen rasch lösbaren Konflikten und anhaltenden Problemen. Zwei Drittel aller Streitigkeiten fallen in die zweite Kategorie. Sie sind gefährlich, denn oft sind sie Ausdruck nicht ausgesprochener, schwelender emotionaler Konflikte. So mag einer fortwährenden Auseinandersetzung über die Ordnung im Haushalt in Wahrheit die Unzufriedenheit eines Partners über mangelnde Zuwendung zugrunde liegen.

Die US-Forscher möchten mit ihrer Arbeit einen Beitrag zur öffentlichen Gesundheit leisten. Denn glückliche Paare sind gesünder und haben ein besser funktionierendes Immunsystem!

Männer brauchen Erfolgserlebnisse, das heißt Leistung, gelöste Probleme und erreichte Ziele. Er braucht das Gefühl, ein Könner zu sein, und das bekommt er auch, wenn er Erfolge hat oder Probleme löst. Kaum ein Mann bringt folgende Worte über die Lippen: „Das kann ich nicht!", „Das weiß ich nicht!" – denn er möchte fehlerlos und heldenhaft erscheinen!

Achtung: Männern geht es sehr schlecht, wenn sie versagen oder nicht beweisen können, dass sie Könner sind. Er wird sein Können immer wieder unter Beweis stellen, sonst fühlt er sich nicht wohl, beispielsweise leiden Männer unter Arbeitslosigkeit viel mehr als Frauen. In dieser Zeit fällt es ihnen unglaublich schwer, ihrer Partnerin die Liebe zu geben, die sie braucht. Er fühlt sich wie ein Versager, schämt sich und greift – nicht gerade selten – zur Flasche.

Beispiel:

Zwei Jahre nach der Pensionierung schnellt die Zahl der Sterbefälle plötzlich stark in die Höhe. Ursache ist nicht etwa, dass diese Männer jetzt den ganzen Tag ihre Frau ertragen müssen, sondern dass sie

- nicht mehr beweisen können, dass sie Könner sind,

- dadurch weniger Anerkennung bekommen und

- das Gefühl haben, nicht mehr gebraucht zu werden, vielleicht sogar nutzlos zu sein.

Wichtig: Männer profilieren sich durch ihren Beruf und durch all die Probleme, die sie erfolgreich gelöst haben. Bemuttern und kritisieren Sie Ihren Partner nicht zu sehr, pfuschen Sie ihm nicht dauernd ins Handwerk, wie „Mach das doch so und nicht so!", „Fahr nicht so schnell!" usw. und geben Sie ihm nicht ständig Handlungsanweisungen.

Keine Killerphrasen verwenden!

Im Frauen-Magazin ELLE erschien vor einiger Zeit ein Bericht über Killerphrasen: Paare, die glücklich bleiben wollen, sollten beispielsweise den Satz „Das kann ich dir doch beibringen" schnellstens aus ihrem Beziehungsvokabular streichen. Doch eigentlich müssen wir uns fragen, woran es nur liegt, dass wir gerade die Informationsquelle, die wir kosten- und mühelos anzapfen können, immer wieder ignorieren? Warum verstehen beispielsweise Steuerberatergattinnen am wenigsten von Steuern, und warum kann der Mann, der mit einer Konzertpianistin verheiratet ist, noch nicht einmal den Flohwalzer spielen? Warum erteilt er allen Frauen in seinem Wirkungskreis geduldig Nachhilfe in Windows, rät seiner eigenen Frau aber immer nur zur Lektüre einschlägiger Fachbücher?

So verstehen Sie sich und Ihren Partner noch besser

Sind es die üblichen Machtspielchen unter Liebenden? Ist es die stille Weigerung, den anderen als Autorität anzuerkennen, oder die kindische, aber doch schwer ausrottbare Angst, sich zu blamieren und damit an Attraktivität einzubüßen? Verhindern die Gefühle für den anderen die Distanz, die jedes Lehrer-Schüler-Verhältnis braucht? Oder sind Lern- und Lehrstil oftmals nicht kompatibel? Eine Antwort könnte sein, dass bei Paaren, die aus zwei Individualisten bestehen und wo Unterschiede nicht trennen, sondern eher verbinden, jeder unterschwellig Angst vor Gleichmacherei hat. Grenzverschiebungen sind hier nicht erwünscht!

Wichtig: Killerphrasen werden oftmals wie ein Pingpongball hin- und hergeschlagen und sind wohl deshalb ein so beliebtes Beziehungsspiel, weil sie von der Mühe entlasten, tatsächlich etwas dazuzulernen.

Folgende Killerphrasen tauchen im Beziehungsvokabular immer wieder auf:

- „Das hab ich dir doch schon hundertmal erklärt!"
- „Das kapiert ja sogar deine Mutter!"
- „Kannst du das nicht verstehen oder willst du nur nicht?"
- „Du stellst dir das alles viel zu einfach vor!"
- „Deine Frage zeigt: Du hast nichts verstanden!"
- „Ich dachte, du hättest studiert!"
- „Ja, aber …"
- „Was gibt's denn da nicht zu verstehen?"
- „Und so jemand wie du unterrichtet!"
- „Aber für mich nimmst du dir nie Zeit!"
- „Wer ist hier der Idiot!"
- „Das schaffst du nie!"
- „Bist du dir sicher, dass du das kannst?"
- „Am besten fangen wir jetzt noch mal ganz von vorne an!"*)

---

*) Abdruck mit freundlicher Genehmigung von ELLE, 9/98

Die meisten Partner glauben immer noch, dass diese Form der Verbesserungsvorschläge funktioniert, erreichen aber damit genau das Gegenteil. Diese Killerphrasen vermitteln nur das Gefühl, ein Looser zu sein. Und das ist in solchen Situationen das Letzte, was jeder Partner braucht!

Praxis-Tipp:

Behandeln Sie Ihren Partner bzw. Ihre Partnerin bitte nicht so, als sei er bzw. sie völlig vertrottelt, sondern wie einen Helden bzw. eine Prinzessin.

Sich um jemanden zu kümmern oder zu sorgen bedeutet nicht, ihn/sie ständig verbessern zu wollen. Wenn Sie Ihren Partner oder Ihre Partnerin aufrichtig lieben und ihm/ihr das Gefühl geben wollen, ihn/sie so zu lieben, wie er oder sie ist, dann beginnen Sie aufzuhören, ihn/sie zu verändern; dies betrifft auch Klamotten, Frisur oder Brille. Lernen Sie, Ihren Partner oder Ihre Partnerin zu akzeptieren!

Übung: **Akzeptieren Sie Ihren Partner?**

Wenn sich Ihr Partner in den nächsten 50 Jahren nicht verändern würde, wollen Sie dann trotzdem bei ihm bleiben? Warum?

. . . .

. . . .

. . . .

. . . .

. . . .

Wenn Sie bei dieser Übung spontan mit „Nein" geantwortet haben und vielleicht noch gesagt haben, das halte ich nicht aus, dann sollten Sie ernsthaft in Erwägung ziehen zu gehen.

So verstehen Sie sich und Ihren Partner noch besser

Achtung: Wir reden uns doch ständig ein, dass wir uns verantwortlich für unsere Partner fühlen, nehmen ihnen aber – über ihre Köpfe hinweg – einfach Entscheidungen ab und wundern uns dann, dass sie immer passiver werden. Wenn wir weiterhin kritisieren, dann machen wir aus unseren Partnern ein Zweitkind – eine Entwicklung, die der Beziehung und der Erotik schadet.

Männern geht es rundherum schlecht, wenn ihnen das Gefühl vermittelt wird und sie auch selbst das Gefühl haben, dass sie nicht gebraucht werden. In dieser Situation suchen sie in aller Regel Freunde oder Bekannte auf, mit denen sie ihren Kummer „hinunterspülen" können. Frauen gehen einen anderen Weg: Sie sehnen sich nach einem verständnisvollen Zuhörer und suchen oft Rat und Hilfe bei Freundinnen oder einem Psychologen.

Praxis-Tipp:

Folgende Tipps sind für die Partnerin. Wenn Sie Ihren Partner glücklich machen wollen, versuchen Sie bitte, folgende Ratschläge zu beherzigen:

- Lassen Sie ihn Probleme alleine lösen!

- Vertrauen Sie darauf, dass er sein Bestes gibt, und erkennen Sie seine Bemühungen an!

- Er ist nicht perfekt – Sie sind es aber auch nicht!

- Seien Sie nicht so streng!

- Fragen Sie lieber – wenn Sie den Mund gar nicht mehr halten können:

  Wie kann ich dir helfen? Oder: Wie wirst du das Problem lösen? Oder: Ich verlasse mich auf dich, du schaffst das schon! Oder sagen Sie ihm vorher genau, wie Sie es gerne hätten!

Übung: **Keine Kritik üben**

Eine Woche lang keine Kritik, keine Handlungsanweisungen! Schaffen Sie das? Jedes Mal, wenn Ihnen doch etwas rausrutscht, müssen Sie zur Strafe einen bestimmten Betrag in eine Sparbüchse stecken, zum Beispiel 3,– EUR! Sie werden überrascht sein, wie häufig Sie versucht sind, ihn zu kritisieren bzw. sich in seine Dinge einzumischen.

Wichtig: Bitte lesen Sie erst in einer Woche weiter!

Berichten Sie dann erst von den Erfahrungen, die Sie gemacht haben:

. . . .

. . . .

. . . .

Wie viel Geld war nach dieser Woche in Ihrem Sparschwein, und was werden Sie damit tun?

. . . .

. . . .

. . . .

Für die Partnerin: Vertrauen Sie ihm!

Lassen Sie Ihrem Partner freien Lauf, legen Sie ihn an eine ganz lange, unendlich lange Leine und vergessen Sie niemals, dass er Sie wirklich nur glücklich machen möchte! Er hat Sie in der Tat aus Liebe geheiratet und möchte zu gern Ihr großer Held sein und Sie, als seine Prinzessin, unendlich glücklich machen. Das ist sein Ziel, sein ganz großes Ziel! Davon träumt er seit dem Tage, an dem er sich in Sie verliebt hat, und er ist ganz fest entschlossen, dass dieser Traum Wirklichkeit wird! Wenn er weiß, dass er auf dem Weg der Glückseligkeit zu seiner Herzallerliebsten ist, wird er Sie im wahrsten Sinne des Wortes „auf Händen tragen"!

Wichtig: Wir sollten immer aufeinander zugehen und einander helfen – und unsere Liebe, unsere Zuneigung, unsere Erfahrungen in einen großen Topf werfen, aus dem wir dann gemeinsam schöpfen und unser ganzes Liebes-Potenzial entwickeln. Es ist ja ganz natürlich, dass beide auf unterschiedliche Art und Weise bewundert und angehimmelt werden wollen: Jeder will hören und fühlen, dass er ganz toll und einmalig ist.

Praxis-Tipp:

- Behandeln Sie Ihren Partner liebevoll – und machen Sie aus ihm eine strahlende Persönlichkeit! Denn er liebt nur Sie, und Ihnen vertraut er!

- Ihr Selbstwertgefühl und Ihre Zufriedenheit werden beträchtlich steigen – denn entscheidend für den Erfolg oder Misserfolg einer Beziehung ist letztendlich, dass beide Partner ihre Verschiedenheit akzeptieren und schätzen und nicht versuchen, den anderen zu ändern.

- Denken Sie immer daran: Mit Liebe, Lust und Leidenschaft sind Sie auf dem erfolgreichen Weg!

Wenn wir die Unterschiede zwischen den Geschlechtern klar erkennen und respektieren, dann können wir uns viel Schmerz und Ärger ersparen. Und wenn wir fest verankert im Hinterkopf behalten, dass Männer vom Mars und Frauen von der Venus sind, dann kann alles erklärt werden. Sich zu verlieben ist immer magisch und schier unendlich. Naiv wie wir nun einmal sind, glauben wir, dass nichts unser Glück trüben kann.

Lassen Sie sich vom Alltag nicht überrumpeln

Wenn nach der ersten unbeschwerten Zeit der Alltag einkehrt, werden wir fordernd, verurteilend und ungeduldig. Wir nehmen uns auch nicht mehr die Zeit, den anderen anzuhören und zu verstehen. Wir fragen uns dann wahrscheinlich: „Warum passiert das?" Wir suchen in uns das Gefühl der Liebe, anstatt bewusst liebevoll zu handeln.

Wichtig: Sie werden sehen, dass sich Ihre Liebe nur dann verstärkt, wenn Sie liebevoll handeln und nicht ständig wie ein „hypnotisiertes Kaninchen" auf die Fehler Ihres Partners schauen. Nur wenn Sie die Unterschiede kennen und versuchen, sie zu verstehen, und sie auch respektieren, hat Ihre Liebe eine Chance. Dann sind Sie auch in der Lage, dem anderen das zu geben, was er wirklich braucht: Liebe, Verständnis und Zuneigung – und nur dann können Sie ihn optimal unterstützen.

Wenn Pflanzen am Morgen die Sonne spüren, beginnen sie zu leben. Wenn Menschen am Morgen das Herz eines lieben Menschen spüren, kommen sie zum Leben. Nur mit Liebe können die Menschen das Zusammensein aushalten. Glückliche Menschen, die liebevoll miteinander umgehen, die einander Raum geben, damit der eine so und der andere anders sein kann, geben einander auch Hoffnung und verlieren nie den Glauben an eine wunderbare gemeinsame Zukunft!

Praxis-Tipp:

Denken Sie positiv über die Unterschiede zwischen den Geschlechtern. Es wäre doch langweilig, wenn wir alle das Gleiche denken oder tun würden. Sehen Sie es von dieser Seite, dann werden Ihnen auch bestimmt bei fast allen Gelegenheiten die richtigen Ideen kommen, um gerade aus dieser Situation das Optimale herauszuholen.

Wann sind Frauen glücklich und zufrieden?

Frauen fühlen sich wohl, wenn sie spüren, dass sie gemocht werden. Es geht ihnen gut, wenn sie gute Beziehungen zu ihrem Partner und all den Menschen haben, die ihnen am Herzen liegen. So sind z.B. nette Kollegen eines der wichtigsten Kriterien, warum Frauen einen Arbeitsplatz annehmen. Frauen fühlen sich ausgesprochen unwohl, wenn das zwischenmenschliche Klima nicht stimmt. Unerwünscht zu sein, mangelndes Interesse an ihrer Person und Einsamkeit sind Gift für die weibliche Seele. Sie liebt das Gefühl, Teil einer Gemeinschaft, einer Partnerschaft zu sein. Natürlich wollen auch Frauen beweisen, dass sie etwas können, dass sie Könnerinnen sind. Doch dies steht oftmals an zweiter Stelle. Selbst die „härteste Karrierefrau" wird auf vieles verzichten, um Liebe in ihrem Leben zu haben.

Was ist für Sie wertvoll?

Wissen ist nur Macht, wenn Sie dieses Wissen erfolgreich nutzen. Schreiben Sie die drei Gedanken – Ihre drei Diamanten – der vorangegangenen Seiten auf, die Ihnen persönlich wichtig sind:

- . . . .

- . . . .

- . . . .

Den Tanz der Gefühle beherrschen

5

Wenn der Liebesrhythmus den Männern zu heiß wird

Kennen Sie die Geschichte von den Stachelschweinen? Der bekannte deutsche Philosoph Arthur Schopenhauer verglich die Menschen mit den Stachelschweinen. In den kalten Winternächten schmiegten sich die Stachelschweine recht nahe aneinander, um sich durch die gegenseitige Wärme vor dem Erfrieren zu schützen. Bald jedoch empfanden sie die Stacheln als beengend, so dass sie sich voneinander entfernten. Wenn das Bedürfnis nach Wärme und Nähe sie wieder zusammenbrachte, wiederholte sich nach einiger Zeit jenes Übel; so dass sie zwischen Nähe und Distanz pendelten, sozusagen hin und her geworfen wurden. Diese Geschichte von Arthur Schopenhauer aus „Parerga und Paralipomena" veranschaulicht sehr deutlich ein typisch männliches Verhalten. Es geht um Distanz und Nähe.

Haben auch Sie schon einmal erlebt, dass Ihr Partner sich plötzlich distanziert verhält und das, obwohl Sie es doch so gerne mögen, wenn er Ihnen sehr nahe ist?

Besonders bei einem Mann ist der Drang, sich ab und zu zurückzuziehen, völlig natürlich. Er wird sich auch dann zurückziehen, wenn Sie nichts falsch gemacht haben – also völlig ohne Grund, um sein Bedürfnis nach Unabhängigkeit oder Autonomie zum Ausdruck zu bringen.

Sie können sicher sein, wenn er eine Weile in seinem Schneckenhaus verbracht hat, überkommt ihn plötzlich ein großes Bedürfnis nach Nähe und Intimität – und natürlich nach Liebe. Er ist dann wieder völlig präsent, so als wäre nichts geschehen. Automatisch ist er dann motiviert, mehr Liebe zu geben und zu empfangen.

Wichtig: Für die meisten Frauen ist es schwer zu akzeptieren, dass der Mann immer wieder auf Distanz geht. Laufen Sie ihm nicht hinterher, denn damit verhindern Sie, dass er jemals spüren wird, wie sehr er Sie vermisst. Gehen Sie lieber ins Kino oder lesen Sie ein gutes Buch. Wenn Sie diesen männlichen Zyklus verstehen, bereichert er sogar die Beziehung – und Sie können diese Momente gelassener ertragen.

Frauen müssen lernen, dass Männer ihren Freiraum brauchen. Sie verstehen sein Verhalten nicht so gut, denn sie ziehen sich aus anderen Gründen zurück, z.B. wenn sie ihm nicht zutrauen, dass er ihre Gefühle versteht, wenn sie verletzt wurden und Angst haben, dass er dies wieder tut, oder wenn er etwas falsch gemacht hat und sie enttäuscht sind. Frauen benötigen dann viel Zeit, um zu kommunizieren, denn erst dadurch fühlen sie sich ihrem Partner wirklich nahe und haben das Bedürfnis, wieder „zusammenrücken" zu können.

Wenn ein Mann sich zurückzieht, dann nicht deshalb, weil er nicht reden will, sondern weil er Zeit für sich braucht – Zeit, in der er für niemanden verantwortlich ist; einfach Zeit, um sich mit sich selbst zu beschäftigen und seine Unabhängigkeit zu spüren.

Achtung: Wenn ein Mann sehr stark mit einer Frau verbunden ist, dann sind ihm manchmal seine eigenen Bedürfnisse nicht mehr ganz klar, weil sie mit den ihrigen verschwimmen. So hat er den verständlichen Wunsch, seine eigenen Grenzen wieder abzustecken, um sich als autonome Person zu fühlen.

Praxis-Tipp:

Wenn er sich also zurückzieht, dann sollten Sie dies (ganz bewusst) zulassen und darauf vertrauen, dass er zurückkommt. Und er kommt zurück und wird dann liebevoller und unterstützender sein als zuvor – und erst dann ist der richtige Zeitpunkt, um mit ihm zu reden! Männer sind sich einfach nicht darüber im Klaren, dass dieses Zurückziehen bei Frauen völlige Panik auslöst. Doch eines ist klar: Eine Frau kann besser damit umgehen, wenn er ihr versichert, dass er wiederkommt.

Die Kunst, die Gefühle des anderen zu verstehen

Niemand hat diese Unterschiede besser beschrieben als John Gray in seinem Buch „Männer sind anders, Frauen auch". Er beschreibt die Zyklen der Intimität von Mann und Frau sehr bildlich, wenn er sagt, dass Männer wie Gummibänder und Frauen wie Wellen sind.

Eine Frau vergleicht er mit einer Welle: Wenn sie sich geliebt fühlt, dann reagiert ihr Selbstwertgefühl mit einem Auf und Ab der Gefühle in einer Wellenform. Und wenn sie sich unglaublich gut fühlt, dann erreicht sie irgendwann den absoluten Stimmungshöchstpunkt. Doch plötzlich kann ihre Stimmung wieder abstürzen, und ihre Welle bricht ein. Dieses Tief ist zeitlich begrenzt, und wenn sie den tiefsten Punkt erreicht hat, ändert sich plötzlich ihre Stimmung, und die Welle beginnt wieder aufzusteigen.

Ihre Fähigkeit, in einer Beziehung Liebe zu geben und zu nehmen, ist im Allgemeinen ein Spiegel davon, wie sie selbst über sich denkt bzw. wie es gerade mit ihrem Selbstwertgefühl aussieht. Wenn es ihr so rundherum gut geht und sie sich leiden mag, dann akzeptiert und schätzt sie auch ihren Partner. Doch wenn sie sich in einem Tief befindet, ist sie naturgemäß verletzlicher als sonst und braucht sehr viel Liebe und Verständnis.

Männer fürchten sich sehr vor den weiblichen Tiefs, da sie nicht wissen, wie sie ihrer Partnerin in diesem Augenblick helfen können. Ihre Hilflosigkeit drückt sich häufig in Aggressivität aus, oder sie ignorieren das Tief, in der Hoffnung, dass es bald vorüberzieht.

Wichtig: Es ist sehr wichtig, dass Ihr Partner versteht, was Sie jetzt brauchen. Denn sonst kann es passieren, dass er unerfüllbare Anforderungen an Sie stellt. Ein Mann ist häufig so mit seinen Problemen beschäftigt, dass er meint, Ihr Stimmungswechsel könne nur an seinem Verhalten liegen. Er hält sich unbewusst immer für den Verursacher Ihrer Gefühle: Wenn sie glücklich ist, fühlt er sich genauso dafür verantwortlich, als wenn sie unglücklich ist!

Es kann sein, dass er völlig frustriert ist, weil er nicht weiß, was er tun kann, um Ihre Stimmung zu verbessern, oder er fühlt sich angegriffen und geht in die Verteidigung. Er kann überhaupt nicht verstehen, was mit Ihnen los ist!

Ähnlich wie bei Männern, muss auch bei Frauen erst ein bestimmter Punkt erreicht sein, damit sie wieder auftauchen können. Die Frau braucht jemanden, der bei ihr ist, ihr zuhört, sie tröstet und keinen Druck ausübt; jemand, der ihr Sympathie und Verständnis entgegenbringt.

Wichtig: Gerade wenn eine Frau sehr traurig ist, braucht sie die Zuwendung ihres Partners. Ja, es kann sogar sein, dass es beim Zuhören noch schlimmer wird, dass sie sich noch mehr in ihr Unwohlsein flüchtet. Sie ist so veranlagt, dass es ihr in aller Regel erst schlechter geht; was bedeutet, dass sie früher ihren Tiefpunkt erreicht, dann aber ziemlich schnell wieder auftaucht und ihre liebenswerte Art wieder annimmt.

Nach jedem Tief folgt ein Hoch, und er hofft immer wieder, dass es das letzte Tief gewesen ist. Wie groß ist dann seine Enttäuschung, wenn sie wenige Wochen später wieder einmal in ihr tiefes, schwarzes Emotionsloch fällt und über die altbekannten Probleme jammert. Ein Mann kann sich die allergrößte Mühe im Umgang mit seiner Partnerin geben, und dennoch wird sie immer wieder emotionale Tiefs haben.

Sollte er diesen Wellenmechanismus nicht verstehen bzw. verstehen wollen, dann fällt es ihm tatsächlich schwer, ihre Gefühle zu verstehen und sie zu unterstützen, wenn es ihr schlecht geht! Wenn sie sich aber in dieser „schweren" Zeit beschützt fühlt, beginnt sie, langsam wieder Vertrauen zu fassen.

Wichtig: Beschützt zu sein ist ein besonders großes Geschenk und mit das Schönste, das zu einer liebevollen Beziehung gehört! Durch seine Hilfe und Zuneigung werden garantiert ihre Tiefs und Hochs langsam immer schwächer – doch sie werden wahrscheinlich nie so ganz verschwinden!

Den Tanz der Gefühle beherrschen

Wichtig: Männer pendeln in der Beziehung zwischen Nähe und Distanz. Frauen zwischen emotionalen Hochs und Tiefs. Er zieht sich in sein Schneckenhaus zurück, sie fällt in große, dunkle Emotionslöcher. Mit liebevollem Verständnis finden sie jedoch immer wieder zueinander!

Prüfen Sie sich selbst

■ Liebe Leserin, was werden Sie das nächste Mal tun, wenn Sie spüren, dass Ihr Partner sich distanziert?

. . . .

. . . .

. . . .

■ Lieber Leser, was werden Sie das nächste Mal tun, wenn Ihre Partnerin traurig und niedergeschlagen ist?

. . . .

. . . .

. . . .

Was ist für Sie wertvoll?

Wissen ist nur Macht, wenn Sie dieses Wissen erfolgreich nutzen. Schreiben Sie die drei Gedanken – Ihre drei Diamanten – der vorangegangenen Seiten auf, die Ihnen persönlich wichtig sind:

■ . . . .

■ . . . .

■ . . . .

Geben Sie dem Stress keine Chance!

6

Wie gehen Sie mit Stress und Problemen um?

Männer und Frauen gehen unterschiedlich mit Stress um. Männer werden fokussierter, das heißt, ihre Wahrnehmung verengt sich noch mehr, so dass sie nur noch ihr Problem sehen. Meist ziehen sie sich dann zurück, um in Ruhe über eine Lösung nachzudenken.

Frauen dagegen werden zunehmend von ihren Gefühlen überwältigt und immer emotionaler. Ihr Wahrnehmungsspektrum wird noch größer, und neben ihrem Hauptproblem fallen ihnen plötzlich noch alle möglichen anderen Probleme auf. Die Gedanken über diese Vielzahl an Hindernissen überwältigen sie, und häufig ist es so, dass sie völlig den Überblick darüber verlieren, was das eigentliche Problem war.

Stressreaktionen nach einem harten Arbeitstag

Er möchte, wenn er nach Hause kommt, einfach abschalten, den Tag und die ungelösten Probleme vergessen. Am besten gelingt ihm dies, wenn er sich still mit sich allein beschäftigt, die Zeitung liest oder Nachrichten schaut. Viele Männer genießen es, auch einfach ins Leere zu schauen und an nichts zu denken. Der Mann braucht diese Abschaltphasen (ca. 30 Minuten), um langsam seine Aufmerksamkeit umzulenken – auf die Partnerin. Im Übrigen gelingt ihm dies umso schneller, je erfolgreicher sein beruflicher Alltag war!

Die Frau hingegen hat nach einem anstrengenden Tag ganz andere Bedürfnisse. Sie möchte die Nähe zu ihrem Partner herstellen, indem sie versucht, alles ihrem Partner mitzuteilen, was sie bewegt. Durch das „Von-der-Seele-Reden" kann sie ihre Gedanken sortieren und Verständnis suchen.

Das rituelle Klagen der Frauen

Die Frau beginnt damit, alle Probleme der Reihe nach aufzuzählen sowie auch das, was tagsüber schief gelaufen ist. Dabei werden viele Details ausgeschmückt und häufig auch ein wenig übertrieben, z.B.: „Ich musste stundenlang im Wartezimmer des Arztes warten, bis ich aufgerufen wurde".

Vielleicht übertreiben Frauen deshalb ab und zu, um mehr Mitgefühl vom Gegenüber zu erhalten. Denn was sie sich wirklich wünscht, ist eine starke Schulter zum Anlehnen und Ausheulen, einen Menschen, der ihr zuhört, ihr dabei hilft, ihre Gedanken zu sortieren – indem er die richtigen Fragen stellt – und sie tröstet. Im Grunde genommen einen Mensch, der in die Rolle eines liebevollen „Seelentrösters" rutscht. Hat sie über all ihre Sorgen und Probleme erst einmal gesprochen, dann ist es gut möglich, dass sie wie aus heiterem Himmel wieder zu strahlen beginnt und es ihr sehr gut geht – und das, obwohl sie keines ihrer Probleme gelöst hat!

Für einen Mann ist dies einfach unvorstellbar – er versteht die Welt nicht mehr, dass sie urplötzlich – trotz ungelöster Probleme – wieder topfit ist und sich gut fühlt.

Der Grund für ihre plötzliche seelische Fitness ist: Sie konnte ihr Bedürfnis – zu reden und sich mitzuteilen – befriedigen. Der einfühlsame Zuhörer gab ihr dabei noch das Gefühl, nicht allein zu sein, sie zu lieben und zu trösten; also genau das, was sie in diesem Moment brauchte.

Was passiert jedoch im weltweiten Ehealltag, wenn sie beginnt, von ihren Problemen zu berichten? Entweder geht der Mann seiner „emotional geladenen" Frau aus dem Weg, denn er weiß nicht, wie er mit all diesen negativen Emotionen umgehen soll, und baut darauf, dass sie diese am besten allein bewältigen kann – so wie er. Oder er hört ihr einige Minuten zu und versucht dann, ihr Problem zu lösen. Seine Worte klingen dann häufig so:

„Weißt du Schatz, das ist eigentlich kein Problem, und du brauchst dich auch nicht aufzuregen, denn du rufst die Leute morgen einfach an und sagst ihnen …" Er versteht einfach nicht, dass sie lediglich über all das, was sie auf dem Herzen hat, reden möchte! Gibt er ihr einen Lösungsvorschlag, dann denkt sie: „Er sieht einfach nicht die Größe meines Problems, er will sich nicht mit meinen Gefühlen und Gedanken auseinander setzen. Er liebt mich nicht wirklich, interessiert sich nur für seine Sachen, sonst würde er doch fragen und mich trösten!" Häufig folgen emotionale Ausbrüche mit diesen Worten: „Du hörst mir nicht zu!" und „Du verstehst mich nicht!" Wie schnell könnte hier ein Streit beginnen, obwohl er es nur gut gemeint hat und ihr helfen wollte, die Probleme zu lösen.

Frauen sind problemorientiert, Männer lösungsorientiert

Die Frau will möglichst viel über ein Problem reden und es gründlich erforschen. Der Mann will das Problem möglichst schnell und erfolgreich lösen. Daraus entsteht eine ungeheure Spannung, die auf beiden Seiten zur Ablehnung führen kann.

Wenn sich Stress und Probleme in Ihre Zweisamkeit einschleichen, gehen Sie gelassener damit um, denn auch sie gehören zum Leben. Bedenken Sie: „Eine der wichtigsten Fähigkeiten eines Paares ist es, zu lernen, mit negativen Emotionen umzugehen."

Wichtig: Negative Erlebnisse gehören zum Leben dazu und wir sollten daran arbeiten, so stark zu werden, dass wir Misserfolge immer leichter „wegstecken" können. Schaffen wir dies nicht, so beginnen Körper und Psyche zu streiken, und die Balance zwischen Körper und Seele wird nachhaltig gestört. Die Unzufriedenheit mit der Situation führt zur Resignation, und das Abwehrsystem wird geschwächt. Der Mensch kapituliert und wird krank.

Frauen sind hier doppelt so anfällig wie Männer. Die Belastungen durch Beruf, Kinder, Partner und Haushalt führen immer wieder zu der Angst, allem nicht gewachsen zu sein. Da sich die Frauen meist für das Wohlergehen sämtlicher Familienmitglieder verantwortlich fühlen, wächst ihnen gelegentlich alles über den Kopf. Das hat absolut nichts damit zu tun, dass sie, weil sie eine Frau ist, als „nicht belastbar" eingestuft wird!

Es liegt einfach daran, dass sie glaubt, unendlich viel leisten zu müssen, um alle glücklich zu machen. Und natürlich auch, weil sie von allen geliebt werden möchte, was gar nicht funktionieren kann: Perfekte Hausfrau zu sein, eine gute Mutter, eine hervorragende Geliebte und womöglich noch top im Beruf.

Wenn Frau gestresst ist

Eine Frau wird immer versuchen, auf allen Gebieten perfekt zu sein, und dabei sicher vergessen, wie wichtig es ist, Dinge auch zu delegieren! Denn es geht darum, sich auf die wichtigen Dinge zu konzentrieren.

Männer können uns ein Vorbild sein! Warum? Sie konzentrieren sich auf die wichtigen Sachen und vertrauen darauf, dass sich schon irgendjemand um die alltäglichen Dinge kümmern wird. So brauchen sie nicht zu kochen, nicht zu bügeln, nicht zu waschen. Kaufen selten ein, haben im Allgemeinen mit Besorgungen nichts zu tun! Die Frau hingegen übernimmt all dies und gibt ihr Bestes, solange sie kann. Irgendwann platzt ihr der Kragen – und alles, was er dazu sagt, ist: „Hättest du doch bloß etwas gesagt!"

Es ist wirklich nicht einfach, alles unter einen Hut zu bekommen, ohne dabei gestresst zu sein! Die beste kurzfristige Lösung besteht im Verständnis des Partners und seiner Hilfe. Denn lässt er sie mit all ihren Sorgen und Problemen allein, ist das Dilemma vorprogrammiert.

Praxis-Tipp:

Es stimmt, dass Frauen gern zu Übertreibungen neigen. Aber wenn sie Sätze etwa mit „nie", „immer", „ständig" beginnen, dann ist dies oft ein Hilferuf, der ihre momentane Unzufriedenheit ausdrückt. Hier wäre es sehr wichtig und hilfreich, wenn der Mann entsprechend reagiert und „zwischen den Zeilen" liest, um seine Partnerin besser verstehen zu können und ihr zu helfen. Besser noch: Er sollte sie so schnell wie möglich zum Reden bringen und versuchen, ihre sehr emotionalen Worte nicht zu persönlich zu nehmen.

Lernen Sie, aktiv zuzuhören

Lieber Mann, freuen Sie sich nicht zu früh, wenn Ihre Partnerin für eine Zeit sehr still ist, denn in der Regel braut sich dann ein gewaltiger Sturm in ihr auf. Wenn Ihre Frau dagegen im Allgemeinen sehr schweigsam geworden ist, dann kann es zwei Gründe dafür geben:

- Sie hat aufgehört, über ihre Gefühle und Probleme zu reden, weil es sehr oft zum Streit gekommen ist oder ihr Partner sich nicht für ihre Probleme interessiert. Sie hat innerlich resigniert, fühlt sich unverstanden und vor allem ungeliebt. Wenn dem so ist, dann ist sie zu ihm wahrscheinlich sehr unterkühlt – und dies überträgt sich auch aufs Schlafzimmer!

- Sie ist im beruflichen Umfeld sehr angespannt, versucht alles zu bewältigen und reagiert – um effizient handeln zu können – immer mehr entsprechend dem typisch männlichen Verhaltensmuster (zielbewusst und lösungsorientiert). Infolgedessen kommt sie am Abend erschöpft nach Hause und schweigt, so wie die Männer. Wenn sie sich jedoch nicht ihre Gedanken von der Seele redet oder reden kann, dann verliert sie über kurz oder lang ihre natürliche Balance.

Wichtig ist in beiden Fällen, dass die Frauen wieder mehr reden müssen. Sie sollten unbedingt einen Menschen finden, der bereit ist, ihnen zuzuhören. Finden sie niemanden, so ist ein Tagebuch eine sehr nützliche Hilfe. Jedoch ist es besser, wenn ihr Partner lernt, sie zum Sprechen zu bringen, und ihr unterstützend zuhört.

Prüfen Sie sich selbst

■ Sind Sie ein guter Zuhörer bzw. eine gute Zuhörerin?

. . . .

. . . .

. . . .

■ Wenn ja, woran kann man dies erkennen?

. . . .

. . . .

. . . .

■ Können Sie Ihre Partnerin bzw. Ihren Partner zum Reden bringen?

. . . .

. . . .

. . . .

■ Wenn nein, sind Sie bereit, dies zu trainieren? Beschreiben Sie bitte so genau wie möglich, wie Sie das machen wollen:

. . . .

. . . .

. . . .

Geben Sie dem Stress keine Chance!

So lösen weibliche Profis ihr Problem

Liebe Frau, es ist Ihr Job, ihn zu ermutigen, ein besserer Zuhörer zu werden. Wie können Sie dies tun? Indem Sie ihm ganz genau sagen, was Sie brauchen. Er braucht ein genaues Ziel, eine Beschreibung seiner Aufgabe und die Hoffnung auf Erfolg und Belohnung. Dies kann folgendermaßen klingen: „Liebling, ich möchte dir gerne von meinem Tag erzählen (= Vorbereitung). Es gab heute einige Probleme im Büro (= Thema). Du brauchst mir wirklich nur zuzuhören (= Aufgabe), das würde mir sehr helfen (= Ergebnis). Es dauert etwa 15 Minuten (= Dauer)."

Weibliche Profis gehen noch einen Schritt weiter, wenn sie noch zusätzlich fragen: „Geht es jetzt oder später?" Wenn es ihm später lieber ist, dann sagt der weibliche Profi liebevoll: „Wann wäre es dir recht?"

Übung: **Belohnung muss sein!**

Ganz wichtig ist natürlich, ihn zu belohnen, wenn er ein guter Zuhörer war. Was könnten Sie tun oder sagen, um ihm zu danken?

. . . .

. . . .

. . . .

. . . .

. . . .

Praxis-Tipp:

Loben Sie Ihren Partner, wann immer es geht:

- „Ich bin stolz auf dich!"
- „Es tut gut, mit dir zusammen zu sein."
- „Du bist der wertvollste und liebste Mensch für mich!"
- „Mit dir ist das Leben einfach wunderschön!"

Auf gar keinen Fall sollten weibliche Profis versuchen, ihn anschließend zum Reden zu bringen! Der typisch weibliche Instinkt sagt: Erst hörst du mir zu, dann werde ich dir zuhören. Diese Regel gilt aber nur unter Frauen! Also denken Sie bitte daran, dass er eine andere Form der Psychohygiene betreibt: hemmungsloses Schweigen – und dass er von alleine erzählen wird, wenn es ihm danach ist.

Achtung: Versuchen Sie nicht, aus ihm Ihre „beste Freundin" zu machen. Sollte dieser Instinkt bei Ihnen jedoch sehr ausgeprägt sein, dann sollten Sie nach der angekündigten Zeit wirklich aufhören und ihn liebevoll belohnen. Nehmen Sie ihn beispielsweise in den Arm und sagen Sie ihm: „Danke, dass du mir zugehört hast. Es geht mir schon viel besser" Anschließend lassen Sie ihn für mindestens 15 Minuten allein!

Wenn Mann gestresst ist

Männer ziehen sich instinktiv zurück, wenn sie Probleme haben, oder sie lenken sich mit angenehmen Dingen ab, wie Zeitung lesen, schlafen, Sport, Hobbyraum usw. Manchmal gehen sie einfach nur in sich, wirken still und distanziert auf uns und suchen nach einer Lösung.

John Gray spricht in seinem Buch „Männer sind anders, Frauen auch" davon, dass sie sich in ihre „Höhle" zurückziehen und dort in aller Ruhe – vor allem ungestört – grübeln wollen. Jeder, der sie dabei stört, läuft Gefahr, schwer bestraft zu werden, so als ob man versucht, in die Höhle eines Feuer speienden Drachen einzudringen.

Wenn er eine Lösung für seine Probleme gefunden hat, geht es ihm viel besser, und er kommt aus seiner Höhle heraus. Hat er keine Lösung gefunden, dann wird er spätestens jetzt etwas tun, um seine Probleme zu vergessen, wie Zeitung lesen, Sportschau gucken oder in die Sauna gehen. Im schlimmsten Falle greift er zur Flasche, um seine Probleme zu vergessen.

Geben Sie dem Stress keine Chance!

In dieser Zeit ist es ihm oft nicht möglich, seiner Partnerin die Aufmerksamkeit und Liebe zu geben, die sie verdient und braucht. Und ihr fällt es schwer, dies zu akzeptieren, weil sie ja noch nicht einmal weiß, was in ihm vorgeht und warum er sich – ohne darüber zu reden – einfach zurückzieht.

Männer haben wenig Einsicht darin, wie distanziert sie erscheinen, wenn sie sich in ihrer Höhle verkriechen. Wenn er diesen natürlichen Mechanismus an sich erkennt, so kann er seiner Frau zu verstehen geben, dass er ein wenig Zeit für sich ganz allein braucht und bald wieder für sie da ist.

Für Frauen ist das sehr schwer zu verstehen, denn für sie ist das (Mit-)Teilen von Problemen ein Zeichen von Vertrauen und Liebe. Im Gespräch stellen Frauen Nähe her und sie bauen ihren Frust durch Kommunikation ab.

Männer sind sich oft nicht bewusst, wie wichtig für eine Frau ein verständnisvolles und liebevolles Gespräch ist. Ihnen ist nicht klar, wie leicht sie Pluspunkte sammeln können, wenn sie der Partnerin nur aufmerksam zuhören und mitfühlen.

Unterstützend zuzuhören ist für die meisten Männer unglaublich schwer, denn unbewusst befürchten sie, dass Frauen ihnen die Schuld für ihr Unglück geben oder dass sie dies tatsächlich verursacht haben. Deutlicher gesagt: Leider kriegen Männer die „Krätze", wenn Frauen über Probleme sprechen; sie zeigen Widerstand und wehren ab, weil sie denken, dass die Frauen nur aus dem Grunde mit ihnen darüber reden wollen, weil sie sie für ihre Probleme verantwortlich machen wollen.

Achtung: Sein großes Ziel ist, seine Partnerin, die er liebt, glücklich zu machen; ist sie es nicht, so hat er das Gefühl, versagt zu haben!

Je mehr Probleme, umso mehr fühlt er sich beschuldigt und begreift nicht, dass sie doch nur redet, um sich besser zu fühlen und ihre vielen Gedanken zu sortieren. Männer werden zudem sehr ungeduldig, wenn Frauen ihre Probleme in allen Einzelheiten schildern; je mehr Details, umso schwerer wird es für ihn, zuzuhören.

> **Praxis-Tipp:**
>
> Kommen Sie schneller auf den Punkt! Wenn Sie es schaffen, Ihrem Partner klarzumachen, dass Sie doch nur über Ihr Problem reden möchten und dass Sie sich freuen würden, wenn er Ihnen zuhört – dann, ja dann kann er sich zurücklehnen und wird sich auch bemühen, Ihnen seine volle Aufmerksamkeit zu schenken!

Die Männer der neuen Generation

Der neue Mann kann besser mit Frauen kommunizieren, denn er verbringt seine Kindheit fast ausschließlich mit weiblichen Bezugspersonen, wie Mutter, Oma, Babysitter, Kindergärtnerin, Lehrerin, während der Vater in der freien Wirtschaft kämpft und meist zu erschöpft ist, um sich die Zeit zu nehmen, sich mit seinen Kindern zu beschäftigen. Mit anderen Worten: Der Sohn lernt sein soziales Verhalten in erster Linie von seiner Mutter.

Ihre Partnerin bzw. Ihr Partner ist Ihr „wichtigster Kunde"!

Viele Menschen besuchen Seminare, um den richtigen Umgang mit Kunden zu lernen. Inzwischen gibt es auch eine Vielzahl von Büchern zum Thema „Umgang mit Beschwerden", in denen man lernt, wie man aus einem „unglücklichen" oder „verärgerten" Kunden einen zufriedenen Kunden macht. Gerade bei Kunden, so die Forschung, denen bei einer Beschwerde zugehört und geholfen wurde, vervierfacht sich die Stärke der zukünftigen Kundenbindung. Was tun Sie, um aus einem verärgerten Kunden einen zufriedenen Menschen zu machen?

Übung: Mit „Partner-Reklamationen" umgehen

. . . .

. . . .

. . . .

. . . .

. . . .

Ziel ist es, dass es keinen Verlierer geben soll! Sie sollten die Aussagen nicht zu persönlich nehmen und auf gar keinen Fall in Kampfhaltung gehen. Hören Sie ganz ruhig zu, fragen Sie ganz genau nach und bestätigen Sie die Gefühle des Gegenübers beispielsweise mit folgenden Worten: „Es hat dich sehr geärgert, dass …". Profis haben sogar genug Selbstbewusstsein, einzugestehen, dass sie einen Fehler gemacht haben.

Und denken Sie immer wieder an die guten Eigenschaften Ihres Partners, dann wird es Ihnen viel leichter fallen, an Ihr Glück zu glauben. Ihre Liebe ist es wert, darüber nachzudenken und für sie zu kämpfen!

Sie sollten wissen, dass eines der größten Missverständnisse zwischen Männern und Frauen darin besteht, dass er glaubt, er könne sie nur durch seinen beruflichen Erfolg, das heißt durch seine finanzielle und soziale Macht beschützen und glücklich machen, während sie sich nichts sehnlicher wünscht als eine harmonische, zärtliche und kommunikative Partnerschaft.

Wichtig: Konzentrieren Sie sich stets auf die Stärken Ihres Partners und niemals auf seine Schwächen! Wir alle sehnen uns nach Glück, Zufriedenheit, Geborgenheit, Erfolg und besonders nach Liebe. Empfangen Sie Ihren Partner nach einem langen arbeitsreichen Tag immer mit einer positiven und fröhlichen Begrüßung oder Nachricht. Lassen Sie ihm jedoch Zeit, auch gedanklich zu Hause anzukommen, und überfallen Sie ihn nicht sofort mit Ihren

Problemen. Folgende Begrüßung könnte der Beginn eines wunderschönen Abends sein: „Na, wie war dein Tag? Jetzt entspanne dich erst einmal und gib mir ein Zeichen, wenn dein Kopf zu Hause angekommen ist. Dann essen wir etwas Gutes und sprechen über unsere heutigen Erlebnisse."

Seien Sie kompromissbereit!

Sie müssen sich schon entscheiden, ob Sie in einer Beziehung Recht oder Spaß haben wollen. Wenn Sie unbedingt Recht haben und anderen immer beweisen wollen, wie klug Sie sind und dass Sie ja doch alles besser wissen und können, dann sollten Sie am besten niemals heiraten, denn unter diesen Umständen ist eine Scheidung vorprogrammiert!

Die wichtigsten Regeln für einen guten Kompromiss

„Von Ehetherapeuten wurden nachfolgende sieben Profiregeln für einen guten Kompromiss für US-Diplomaten abgeleitet, wie Friedensnobelpreisträger Henry Kissinger sie aufstellte und wie sie bis heute gültig sind:*[)]

- Sie wollen Veränderungen herbeiführen. Etwas gefällt Ihnen nicht. Werden Sie sich klar darüber, was Sie stattdessen wollen. Definieren Sie Ihr wichtigstes Ziel. Schreiben Sie es auf. Dann bekommt es mehr Deutlichkeit, mehr Nachdruck.
  Denken Sie bitte daran, dass Sie nicht alles auf einmal verändern können, deshalb ist die Konzentration auf einen Punkt so entscheidend!

- Tragen Sie dem anderen Ihren Wunsch vor. Reden Sie dabei von Ihrem Ziel. Also von dem Positiven, das Sie erreichen wollen – nicht vom Negativen, das Sie ärgert. Begründen Sie Ihr Ziel. Sagen Sie, was dadurch besser werden würde.

---

*[)] Abdruck mit freundlicher Genehmigung von FÜR SIE im Jahreszeitenverlag

Denken Sie immer daran, dass Sie mit Kritik und Endlos-diskussionen nichts wirklich ändern werden.

- Reden Sie von sich, von Ihren Gefühlen, von Ihren Bedürfnissen. Dann hört der Partner zu. Vorwürfe bewirken lediglich, dass er auf Abwehr schaltet. Bleiben Sie beim Thema. Nur ein Problem lässt sich auf einmal lösen.

- Bitten Sie Ihren Partner, dass er zusammenfasst, was Sie gesagt haben. Das wirkt zunächst künstlich. Aber es verhindert den schnellen Schlagabtausch. Es bringt Ruhe ins Gesprächs-tempo. Und hilft ihm beim Verständnis.

Sollte die Stimmung dennoch eskalieren, dann bitte erst einmal beruhigen und sich sammeln: Nicht streiten. Streiten endet meist mit zwei psychisch Schwerverletzten, und viele Menschen verlieren im Zustand der Erregung jeglichen Respekt!

Besser ist es, eine so genannte Abkühlphase, eine Auszeit einzusetzen. Das heißt, Sie unterbrechen das Gespräch, gehen aus dem Blickfeld (vielleicht machen Sie einen kleinen Spaziergang) und geben so Ihrem Körper die Möglichkeit, sich zu beruhigen. Diese Phase dauert mindestens 20 Minuten, bis sich auch die Stresshormone im Blut abbauen. Erst dann, wenn Sie wieder einen einigermaßen kühlen Kopf haben, können Sie das Gespräch fortführen. Dann sollten Sie so konkret wie möglich sagen, wie Sie es gerne hätten, und auch, was Sie bereit sind, dafür zu tun.

- Erkennen Sie die positive Absicht Ihres Partners. Ein negatives Verhalten wird aber erst dann aufgegeben, wenn etwas Besseres gefunden ist. Dieses Bessere wollen Sie mit ihm zusammen finden.

- Wenn der Partner spricht, hören Sie ihm offen zu – also indem Sie ihm zugewandt sind. Räumen Sie nicht nebenbei den Geschirrspüler ein, stellen Sie nicht die Teller für das Abendessen auf den Tisch. Hören Sie nur zu. Bitten Sie ihn, das genauso zu tun.

■ Schreiben Sie sich Lösungsideen und Alternativen auf und reden Sie darüber. Halten Sie die besten Ideen schriftlich fest und notieren Sie die Schritte zu Ihrer Umsetzung. Dadurch prägen Sie sie sich ein. Und Sie haben eine Art Vertrag, den Sie beide unterstützen und dessen Einhaltung kontrollierbar ist."

Dies gilt vor allem, wenn es um das Thema „Haushalt" geht. Nur wenn Sie sich schriftlich einigen, wer welche Aufgaben übernimmt, werden Sie mit der Zeit zu einer gerechteren Aufgabenverteilung kommen.

Die Menschen auf der ganzen Welt sind nun einmal unterschiedlich – nicht nur äußerlich! Wenn wir uns das immer wieder bewusst machen, können wir mit Freude diese Unterschiede in Kompromisse umwandeln – mit dem fröhlichen und fantasievollen Bild vor Augen: Die Männer kommen vom Mars – die Frauen kommen von der Venus. Mit einem frech-fröhlichen Grinsen im Gesicht werden Sie dann durch das Leben gehen und können es so richtig genießen!

Praxis-Tipp:

■ Bringen Sie gegenseitig mehr Verständnis auf, versuchen Sie, Ihren Partner zu verstehen. Wenn Sie dazu neigen, den anderen verbal unterzubuttern, sollten Sie sich zukünftig mäßigen, denn nichts verletzt einen Menschen so sehr, als in der Öffentlichkeit als „Dummerchen", „Idiot" oder „Unmensch" hingestellt zu werden.

■ Sie werden erleben, dass Sie mit ein wenig Übung, einer liebevollen Haltung und Respekt noch mehr Liebe, Lust und Leidenschaft haben können.

Geben Sie dem Stress keine Chance!

Was ist für Sie wertvoll?

Wissen ist nur Macht, wenn Sie dieses Wissen erfolgreich nutzen. Schreiben Sie die drei Gedanken – Ihre drei Diamanten – der vorangegangenen Seiten auf, die Ihnen persönlich wichtig sind:

- ■ . . . .
- ■ . . . .
- ■ . . . .

Wer wird denn gleich rotsehen?

7

Wie Sie Streit vermeiden

Es geht hier um Differenzen, die einem im Alltag manchmal zur absoluten Weißglut bringen und in manchem den Wunsch wecken, den anderen für einen kurzen Augenblick zu verfluchen. Es geht hier um allgemeine Herangehensweisen, das heißt: Wer packt die Dinge wie an! Gerade in diesem Bereich wird dem Partner häufig eine böse Absicht unterstellt.

Rufen Sie sich folgenden Grundgedanken bitte immer wieder in Erinnerung: Der andere will mich nicht absichtlich verärgern und auch nicht verletzen!

Es geht hier darum, mit welcher Haltung beide durchs Leben gehen – beruflich wie privat.

Männliches Handlungsmotto

Das männliche Handlungsmotto „Tue nichts, was du nicht tun musst" sollten Sie, meine Damen, niemals vergessen. Machen Sie doch bitte einmal folgenden Mülltest: Sie stellen den vollen Mülleimer in die Nähe der Haustür und sagen nichts. Wie viele Tage dauert es wohl, bis Ihr Partner den Müll auf seinem Weg nach draußen mitnimmt? Wahrscheinlich wird der Eimer auch noch nach einigen Tagen am gleichen Platz stehen und so langsam vor sich hinmodern. Und wahrscheinlich nimmt Ihr Mann den Müll noch nicht einmal wahr. Er meint es ganz bestimmt nicht böse, will Sie auch nicht ärgern – er ist einfach so! Würden Sie ihn darum bitten, den Müll mit raus zu nehmen, würde er es nämlich sofort tun, ohne zu murren und ohne zu knurren!

Aber beschäftigen wir uns zunächst einmal mit dem klassischen weiblichen Gedankengang in dieser Situation, die hier nur stellvertretend für sehr viele Situationen steht: Sie haben also den Müll mitten in den Weg gestellt und, als Sie am Abend nach Hause kamen, haben Sie vielleicht gedacht: „Er hätte ruhig mal den Müll mitnehmen können". Doch sollte der Müll auch noch nach ein paar Tagen dort stehen, dann denken Sie wahrscheinlich: „Das ist doch kaum zu fassen, jetzt steht der Müll immer noch da. Ich muss mich hier aber auch um alles kümmern. Er könnte mir ruhig etwas mehr zur Hand gehen, er denkt nur an sich und lässt mich hier die Putzfrau spielen. Das ist einfach nicht fair!" Sie werden sich so richtig in Ihren Frust und Ärger hineinsteigern, denken vielleicht an Ihre Freundin, die Ihnen ja schon oft prophezeit hat, dass Männer nur an sich und ihre Vorteile denken usw.

Tag für Tag werden diese negativen Gedanken stärker, und Sie werden immer frustrierter – bis Sie schließlich einen Streit vom Zaun brechen und ihn mit Vorwürfen überschütten. Gerade in solchen Momenten werden gerne noch seine alten Sünden ausgegraben. Wahrscheinlich ist er dann völlig verdattert und weiß gar nicht, wie ihm geschieht. Und was glauben Sie, wie seine Reaktion am Ende dieses unerbittlichen, ja unnötigen Streites sein wird? Seine Antwort wird lauten: „Hättest du doch bloß etwas gesagt! Natürlich hätte ich dann den Müll rausgebracht."

Liebestest für den Mann

Was ist hier passiert? Die Frau hat sich gewünscht, dass er etwas tut, ohne dass sie ihn dazu auffordern muss bzw. ohne dass sie ihn auf etwas hinweisen muss. Insgeheim hat sie hier einen Liebestest veranstaltet: „Bringt er von allein den Müll raus, dann liebt er mich; tut er es nicht, so ist er ein Egozentriker, der nur sich selbst liebt!"

Sein Handlungsprinzip ist aber so, dass er sich seine Energien sehr genau einteilt. Ständig stellt er – teils unbewusst – in seinem Kopf Berechnungen an, wie viel Energie ihn bestimmte Handlungen kosten. In seinen Berechnungen verbrauchen Handlungen ebenso wie Gespräche seine Energie. Er ist stets bemüht, jeglichen Energieverbrauch zu minimieren – was Sie daran beobachten können, dass er immer auf dem schnellsten und direktesten Weg zum Ziel will.

Wer wird denn gleich rotsehen?

Was passiert also, wenn er da den Mülleimer stehen sieht? Sein Kopf beginnt zu rechnen, und er überlegt, ob sich diese Energieinvestition für ihn lohnen könnte oder ob dies eine bloße Verschwendung seiner „kostbaren" Energie ist. Männer rechnen unbewusst alles gegeneinander auf, und sie wissen immer genau, wem sie was „schulden".

Als Nächstes berechnet er also, ob er bei seiner Partnerin noch „Schulden" hat und ob er jetzt an der Reihe ist, etwas für sie zu tun. Meist kommt er dann irgendwann zu der Erkenntnis, dass dies

- keine sinnvolle Energieinvestition ist oder
- er keine „Schulden" in der Beziehungskasse hat.
- Ergebnis: Der Müll bleibt stehen!

Für ihn ist diese Herangehensweise absolut logisch, während den Frauen dies herzlos und berechnend erscheint. Selbstlose, soziale Wesen wie Frauen neigen dazu, jedem zu helfen:

- Sie kümmern sich um all ihre Lieben, arrangieren Familienfeste und sorgen dafür, dass alle zum Geburtstag eine Karte bekommen.
- Sie trösten, helfen und meinen es doch so gut, wenn sie anderen Ratschläge geben. Sie drängen ihre Hilfe auf und es fällt ihnen sehr schwer, Nein zu sagen.

Irgendwann fühlen sie sich dann ausgebrannt und leer, sind verärgert und fühlen sich schamlos ausgenutzt. Im Stillen erwarten Frauen von anderen Menschen, dass sie für ihr Engagement belohnt werden. Frauen denken: „Je mehr ich für andere tue, umso mehr werden sie sich Gedanken darüber machen, was sie für mich tun können!" Das ist so wie im Gespräch mit Männern, wenn die Frau ihm Fragen stellt und er immer mehr von sich erzählt und gar nicht auf den Gedanken kommt, ihr die gleichen Fragen zu stellen.

Für eine Frau gilt hier das Prinzip: „Erst erzählst du, und ich höre zu, und dann stellst du mir Fragen, und ich erzähle, und du hörst mir zu." Ein Mann geht jedoch davon aus, dass sie schon von sich aus erzählen und reden wird, wenn sie etwas zu berichten hat!

Achtung: Das männliche Prinzip ist ein maximales Energie-management, das heißt, so viel Energie einzusparen wie möglich und nur dort zu investieren, wo die zu erwartende Belohnung möglichst hoch ist. Er weiß jedoch nicht, nach welchem Prinzip Frauen Belohnungen verteilen.

Beispiel: ─────────────────────────────────

Ein Mann bringt seiner Frau 20 rote Rosen mit, und erwar-tungsgemäß freut sie sich sehr über diesen Strauß. In seinen Berechnungen glaubt er, dass sein Guthaben in der gemein-samen Beziehungskasse nun also um mindestens zehn Punk-te gestiegen sei. Für seine Frau ist es jedoch absolut gleich-gültig, ob er nun eine oder 20 Rosen mitgebracht hat, denn unbewusst schreibt sie immer nur ein bis zwei Punkte gut. Für sie zählt, dass er an sie gedacht hat (= ein Punkt) und dass er etwas sehr Liebes getan hat (= ein Punkt).

Wichtig: Eine kleine Aufmerksamkeit wird von Frauen genauso hoch honoriert wie eine große Aufmerksamkeit!

Schwieriger wird es, wenn es um sein Gehalt geht. Er investiert bei der Arbeit sehr viel Energie und möchte mit seinem Gehalt seine Liebste optimal versorgen. Seine Berechnungen ergeben, dass sein Kontostand in der Beziehungskasse zwangsläufig sehr hoch sein muss, wenn er viel Geld verdient, und sehr niedrig, wenn er nur wenig verdient. Er nimmt also an, dass sein Konto-stand mindestens einige 100 Punkte beträgt und er daher zu Hause nicht so viel bzw. gar nichts tun muss, weil er ein hohes Guthaben hat. Jedoch zählt hier wieder: Dafür, dass der Mann an sie gedacht hat, gibt es einen Punkt. Und dafür, dass der Mann das Geld verdient, gibt es einen weiteren Punkt! Unabhängig von der Höhe ihres Gehaltsschecks bekommen Männer also immer nur zwei Pluspunkte gutgeschrieben!

Männer vergessen dies immer wieder und konzentrieren sich im Laufe der Beziehung immer mehr auf die großen Ziele. Da das Ziel „Eheschließung" erreicht ist, wollen sie sich jetzt so richtig auf ihre beruflichen Ziele konzentrieren. Sie hoffen auf die große Belohnung und vergessen dabei, dass sie diese von ihrer Partnerin nur dann bekommen, wenn sie viele kleine liebe Dinge für sie tun.

Wichtig: Frauen sollten in einem liebevollen Ton sagen, was ihr Partner für sie tun kann. Denn er wird es von alleine nicht tun, da er immer wieder vergisst, wie wichtig den Frauen die kleinen Dinge sind.

Übung: Um kleine Gefälligkeiten bitten

Üben Sie sich darin, ihn um kleine Dinge zu bitten. Danken Sie ihm für seine Bemühungen, und werden Sie auf gar keinen Fall böse, wenn er es nicht tut. Wenn Sie ihn beispielsweise bitten, ein Brot auf seinem Nachhauseweg mitzubringen, dann gewöhnen Sie sich an, ihm dafür zu danken: „Das finde ich sehr lieb von dir, danke!" Wenn Sie das des Öfteren tun, wird er nach einer Weile sogar von sich aus fragen: „Kann ich dir eine Arbeit abnehmen und noch etwas besorgen?"

Oder Sie können auch ab und zu einmal mit „kleinen ehrlichen Tricks" arbeiten. Wenn Sie immer in derselben Bäckerei Ihr Brot kaufen, dann rufen Sie doch vorher an und sagen Sie: „Mein Mann kommt vorbei und holt das Brot ab." Sie werden feststellen, wie wohl sich Ihr Mann fühlt, wenn er in der Bäckerei mit seinem Namen angesprochen wurde – vielleicht wird ja noch hinzugefügt: „Das ist aber schön, dass wir Sie auch einmal kennen lernen!" Erhobenen Hauptes wird Ihr Partner nach Hause kommen und sicher das nächste Mal gerne wieder Brot kaufen.

Und Sie, meine Herren, können sich bei Ihrer Partnerin sehr beliebt machen, wenn Sie sich täglich folgende Frage stellen: Womit könnte ich heute meiner Frau eine Freude machen?

. . . .

. . . .

. . . .

Allein dieser Gedanke ist schon sehr positiv und versetzt Sie in eine gute Stimmung! Es geht auch wirklich nur um kleine Dinge, wie ein kurzer Anruf, ein Haftzettelchen mit lieben Worten auf den Badezimmerspiegel drücken, eine Tasse Kaffee ans Bett bringen, ein Kompliment machen, eine Rose auf den Frühstückstisch stellen, eine zärtliche Umarmung usw.

Praxis-Tipp:

Sollten Sie nicht bereit sein, diese Zeit zu investieren, wäre das für Ihre gemeinsame und eine glückliche Zukunft wirklich jammerschade. Denn: Für Frauen zählen die kleinen Dinge genauso viel wie die großen.

Prüfen Sie sich selbst

Was könnten Sie also in den nächsten zehn Tagen tun, um Ihrer Partnerin täglich eine kleine Freude zu bereiten und ihr damit zu zeigen, dass Sie sie lieben?

1. Tag: . . . .

2. Tag: . . . .

3. Tag: . . . .

4. Tag: . . . .

5. Tag: . . . .

6. Tag: . . . .

7. Tag: . . . .

8. Tag: . . . .

9. Tag: . . . .

10. Tag: . . . .

Meine Damen, bitte freuen Sie sich, wenn Sie bemerken, dass er versucht, Ihnen etwas Gutes zu tun. Lächeln Sie und danken Sie ihm, das wird ihn motivieren, in Zukunft noch mehr für Sie zu tun.

Die Veränderungs-, Verbesserungs- und Verschönerungsmentalität von Frauen besser verstehen

Frauen haben einen „Verschönerungs-Tick", das heißt, sie sind bereit, alles Mögliche auszuprobieren, um sich, ihr Umfeld und vor allem ihren Partner zu verbessern und zu verschönern. Sie glauben, dass man alles verbessern kann, sogar das, was schon verbessert oder verändert wurde!

Wie wichtig für Frauen die Verbesserung ihres Erscheinungsbildes, also ihre Schönheit, ist, lässt sich schon daran erkennen, wie viele Kosmetikartikel die meisten von ihnen anhäufen und wie bereitwillig sie immer wieder neue Produkte ausprobieren. Frauen scheinen mit großem missionarischen Eifer alles verschönern, verbessern und verändern zu wollen. Stillstand langweilt sie schrecklich. Dies ist eine Haltung, die man in den modernen Managementlehren immer wieder findet, dort allerdings unter „Begriffen" wie Kaizen oder KVP – kontinuierlicher Verbesserungsprozess!

Männer hingegen mögen Veränderungen nicht so gerne, denn diese verbrauchen unnötig die Energie, die sie ja unbedingt brauchen, um ihre großen Ziele zu erreichen. Hat ein Mann einmal eine Lösung für ein Problem gefunden, so wird er immer wieder den gleichen Lösungsweg einschlagen.

Ähnlich verhält es sich auch mit seinem äußeren Erscheinungsbild: die gleiche Brille, die gleiche Frisur, der gleiche Autotyp und derselbe Kleidungsstil – wahrscheinlich schon seit Jahren oder sogar Jahrzehnten. Auf diese Weise muss er keine Energie verschwenden. Denken Sie doch bitte einmal daran, wie häufig

Frauen die Haarfarben und Frisuren wechseln. Und das alles, weil Verschönerungen für Frauen so wichtig sind.

Szenario eines typischen Ehealltags

Eine Frau möchte gerne das Sofa im Wohnzimmer umstellen (= VVV: Veränderungs-, Verbesserungs-, Verschönerungsmentalität). Sie bittet ihren Partner liebevoll darum, ihr dabei zu helfen. Er kann zwar nicht verstehen, warum sie das Sofa umstellen will, denn es stand doch an einem optimalen Platz (= Bitte-nichts-ändern-Haltung). Da der Mann seiner Frau aber einen Gefallen tun möchte, stimmt er zu, ihr zu helfen (= Energie zu investieren).

Gemeinsam begeben sie sich also ins Wohnzimmer, und er fragt: „Schatz, wo soll ich dir das Sofa hinstellen?" (= Gib mir ein Ziel). Sie beginnt zu reden und beginnt laut abzuwägen, wo man das Sofa nun hinstellen könnte (= Laut denken und gemeinsam nach Lösungen suchen). Nachdem sie nun einige Minuten hin und her überlegt hat, beginnt er schließlich ungeduldig zu werden und sagt: „Nun, wo soll denn das Sofa hin?" Schließlich bewegt er, unter Aufbringung all seiner Kraft, das Sofa vor das Fenster und reibt sich anschließend zufrieden die Hände. Insgeheim hofft er, dass er jetzt das Ziel erreicht hat und sich auf seinen Lorbeeren ausruhen darf (= Ziel erreicht – Projekt abgeschlossen: Wo ist die Belohnung?)

Aber weit gefehlt, denn für sie beginnt der Prozess jetzt erst richtig (= Prozessorientierung). Sie fragt ihn also, wie er diese neue Lösung findet, und natürlich sagt er: „Gut". Sie überlegt und sagt schließlich: „Vielleicht würde das Sofa auf der anderen Seite doch besser aussehen?" Schon leicht angesäuert bringt er noch einmal seine Kraft auf und stellt ihr das Sofa ein zweites Mal um. Dieses Spiel geht noch einige Male so weiter, denn sie möchte alle Möglichkeiten ausprobieren, um sicher zu sein, dass sie die beste Lösung gefunden hat. Dieses Ausprobieren ist für sie ein Prozess, der ihr viel Spaß bereitet, und das gemeinsame Tun gibt ihr das Gefühl tiefer Verbundenheit. In der Zwischenzeit versteht er die Welt nicht mehr, und er wird ungehalten, denn er bekommt mehr und mehr das Gefühl, dass sie fahrlässig seine kostbare Energie verbraucht.

Der Mann als zielorientiertes Wesen hätte erst darüber nachgedacht, wo er das Sofa nun hinstellen würde, und hätte es dann nur einmal umgestellt. Damit wäre für ihn das Ziel erreicht. Mit anderen Worten: Er hätte erst überlegt und dann eine Entscheidung getroffen und diese anschließend umgesetzt. Während die Frau zunächst nur das vage Gefühl hat, dass mit dem Sofa irgendetwas nicht stimmt, und sie nun beim lauten Nachdenken – also Denken und Sprechen gleichzeitig – versucht, eine Lösung zu finden. Für sie ist es selbstverständlich, alles Mögliche auszuprobieren und nicht schon sofort das Ergebnis vor Augen zu haben.

Ganz und gar treibt sie ihn in den Wahnsinn, wenn sie dann schließlich – nachdem er das Sofa bereits sechsmal umgestellt hat – zu dem Schluss kommt, dass das Sofa an seiner Ursprungsposition doch am besten platziert gewesen sei und man es vielleicht nur neu beziehen lassen müsse.

Sie ist mit diesem Ergebnis zufrieden und nimmt sich vor, gleich morgen eine Vielzahl von Stoffen zur Auswahl zu holen, während er sauer ist, dass sie so rücksichtslos mit seiner Energie umgeht! Er weiß nicht, dass sie sich wirklich nichts Böses dabei gedacht hat und durch diesen gemeinsamen Prozess sogar Verbundenheit herstellen wollte.

Natürlich hätte es nicht so weit kommen müssen, wenn sie ihn richtig vorbereitet hätte. Vielleicht mit folgenden Worten: „Liebling, ich würde gerne ausprobieren, wie unser Wohnzimmer aussieht, wenn wir das Sofa umstellen. Ich weiß noch nicht, wo das Sofa schließlich stehen wird, darum möchte ich es gerne an mehreren Stellen sehen, um dann am Ende mit dir gemeinsam zu entscheiden, wo es stehen soll. Es wird bestimmt nicht länger als eine Stunde dauern. Ist das für dich in Ordnung? Möchtest du mir jetzt helfen oder lieber später?"

Diese Ziel-, Aufgaben- und Zeitvorgabe ist schon fast zu ausführlich formuliert, aber der Mann weiß jetzt genau, was von ihm erwartet wird, was auf ihn zukommt, und so kann er sich entsprechend seine Energie einteilen. Ganz wichtig ist, dass er weiß, wann der „Spaß" vorbei ist.

Wichtig: Sie, liebe Leserin, sollten sich immer an diese Zeitangaben halten, besser noch, etwas früher aufhören und ihm anschließend zu verstehen geben, dass Ihnen seine Unterstützung sehr viel bedeutet hat.

Ganz wichtig ist in diesem Zusammenhang auch die Tatsache, dass eine Frau stets darum bemüht ist, ihre Beziehung zu verbessern, und zwar durch Reden. Wenn sie jedoch sagt: „Liebling, wir müssen uns unterhalten", dann gehen bei ihm sofort alle Alarmglocken los, und er fragt sofort: „Worüber?". Sagt sie dann: „Über uns, über unsere Beziehung", dann möchte er sich am liebsten in Luft auflösen. Er weiß nicht, dass Frauen über die Beziehung sprechen wollen, um sie zu verbessern. Es geht hier nicht darum, ihn zu kritisieren, sondern ganz im Gegenteil – es geht um ihr liebevolles Interesse an einer besonders guten und glücklichen Partnerschaft. Ein Mann dagegen würde erst dann über die Beziehung sprechen, wenn ein riesiges Problem aufgetaucht ist! Die kleinen Signale der weiblichen Unzufriedenheit übersieht er meist – in der Hoffnung, dass sie sich von alleine in Wohlgefallen auflösen. Er hebt sich seine Energie lieber für die wirklich großen Probleme auf, denn hier kann er beweisen, dass er ein Könner ist.

Wichtig: Männer wollen immer genau wissen, worauf sie sich einlassen, damit sie sich ihre Energie genau einteilen können. Planänderungen verärgern sie, denn sie verbrauchen nur unnötig ihre kostbare Energie.

Eine typische Männersituation finden Sie auch im Bekleidungsgeschäft. Männer gehen meist zielstrebig in die Hosenabteilung und sagen dort: „Ich hätte gern eine dunkelblaue Hose, Größe 98." Frauen dagegen schlendern erst einmal in aller Ruhe durch die Abteilung und lassen ihren Blick schweifen.

Weitere Eigenheiten: „Bleib, wie du bist!" versus „Lass dich verbessern!"

Dieser große Unterschied zeigt sich schon zu Beginn einer Beziehung, denn dann wünscht er sich nur eines: Dieses wunderschöne Wesen soll für immer genauso bleiben, wie es jetzt ist.

Frauen neigen dazu, sich in das Potenzial eines Mannes zu verlieben. Sie sehen all das Gute, das in ihm steckt, und wollen ihm helfen, das Bestmögliche aus ihm herauszuholen. Sie meinen es doch so gut mit ihm und wollen ihn unbedingt so lange verbessern und verändern, bis er sein Potenzial ausgeschöpft hat. Häufig ist die Enttäuschung dann sehr groß, wenn bzw. weil er sich einfach nicht helfen lassen will, sich also den hartnäckigen „Erziehungsmaßnahmen" entzieht. Schließlich geben Frauen resignierend auf, halten ihm noch vor, sich getäuscht zu haben, und suchen nach einem neuen Erziehungsopfer. Sie meinen es wirklich gut, wenn sie ihn neu einkleiden möchten, ihm eine neue Brille verpassen oder ihm einen anderen Haarschnitt einreden wollen. Doch irgendwann sollten die „Sanierungsmaßnahmen" eingestellt werden. Es gibt einen Punkt, wo der Mann allein entscheiden sollte, wie er sein möchte – und seine Partnerin sollte ihn genau hierin voll unterstützen.

Wichtig: Auch in der Mode sind die Geschlechtsunterschiede sehr deutlich zu beobachten, denn auch hier machen die Frauen alle möglichen Veränderungen bereitwillig mit, während sich die Männermode wesentlich langsamer und geringfügiger verändert.

Seit über 100 Jahren trägt der Mann zu festlichen Anlässen einen Smoking. Irgendwann wird er sich einen Smoking kaufen – wahrscheinlich zu seiner Hochzeit –, und von nun an zieht er dieses gute Stück zu jedem großen Anlass an und hofft, dass dieser Smoking für den Rest seines Lebens ausreicht und er seine Form behält. Seine Partnerin hingegen möchte sich zu jedem Fest gern ein neues Kleid kaufen, denn sie möchte immer so gut wie möglich aussehen und natürlich modisch aktuell gekleidet sein.

Prüfen Sie sich selbst

- Beschreiben Sie, wie es am Anfang Ihrer Beziehung war, das heißt Ihr Verhalten ihm/ihr gegenüber, Ihre Stimmung, Ihre Einstellung und Ihr Aussehen.

  ....

  ....

  ....

- Was hat er bzw. sie damals an Ihnen am meisten geliebt?

  ....

  ....

  ....

- Beschreiben Sie Ihre Partnerschaft: Wie ist sie inzwischen?

  ....

  ....

  ....

- Beschreiben Sie, wie Sie sich Ihre Partnerschaft in fünf Jahren vorstellen!

  ....

  ....

  ....

Die Last-Minute-Mentalität der Männer

Sie haben eine Einladung zu einem Ball bekommen und freudig angenommen. Er denkt bei sich „Kein Problem, ich habe ja meinen Smoking im Schrank, den werde ich anziehen." Damit ist für ihn das Thema „Ball" abgehakt, und er konzentriert sich wieder auf die für ihn so wichtigen Dinge im Leben.

Sie freut sich unglaublich auf diesen Ball, und kaum hält sie die Einladung in den Händen, da beginnt ihr Gehirn auch schon wild zu arbeiten. Sie fragt sich zunächst: „Was ziehe ich bloß an?" Diese Frage wird sie aller Voraussicht nach die kommenden Wochen ständig beschäftigen. Je wichtiger ihr der Anlass ist, umso mehr wird sie darüber nachdenken und ganz sicher stundenlang durch die Geschäfte ziehen und nach dem perfekten Outfit suchen. Natürlich dürfen auch die Termine für den Friseur und die Nagelpflege nicht fehlen.

Hat sie eine Woche vor dem großen Ereignis immer noch nicht das passende Kleid und/oder die passenden Accessoires gefunden, so ist anzunehmen, dass sie schon bald in absolute Panik verfällt. Es ist ihr so wichtig, an diesem Tag besonders gut auszusehen, so wird sie alles daran setzen, dass ihr dies auch gelingt!

Der Mann hingegen wird vermutlich erst am Tag des großen Festes den Kleiderschrank öffnen und nach seinem Smoking Ausschau halten. Denn er kümmert sich um solche Dinge erst in allerletzter Minute, während sie versucht, optimal vorbereitet zu sein.

Prüfen Sie sich selbst
■ In welchen Situationen können Sie diese Last-Minute-Haltung noch beobachten? Fragen Sie sich doch einmal, was passieren muss, damit sich ein Mann einen Termin beim Zahnarzt geben lässt? . . . .

- Wann und warum geht eine Frau zum Zahnarzt?

  . . . .

  . . . .

  . . . .

- Was nimmt ein Mann mit, wenn er das Haus verlässt?

  . . . .

  . . . .

  . . . .

- Was nimmt eine Frau mit?

  . . . .

  . . . .

  . . . .

- Denken Sie doch auch einmal an Geburtstage oder Weihnachten! Wann gehen Sie los, um das Geschenk für Ihren
  Partner/Ihre Partnerin zu besorgen?

  . . . .

  . . . .

  . . . .

- Was glauben Sie, wann Ihr Partner/Ihre Partnerin damit
  beginnt?

  . . . .

  . . . .

  . . . .

- Fallen Ihnen noch mehr Beispiele ein? Was haben Sie
  schon erlebt?

  . . . .

  . . . .

  . . . .

Wer wird denn gleich rotsehen?

Gerade wenn beispielsweise die runden Geburtstage bevorstehen, machen Frauen sich viele Gedanken. Schon Monate vorher beginnen sie zu überlegen, ob sie feiern sollten oder nicht. Haben sie sich einmal entschieden, so überlegen sie sehr genau, wen sie einladen, wie die Tischordnung sein soll und welche köstlichen Speisen sie ihren Gästen bieten könnten. Im Laufe der Wochen wird dann die Gästeliste mehrfach überarbeitet und erweitert, damit sich auch niemand ausgeschlossen fühlt. Einladungen werden liebevoll geschrieben, und auch die Tischordnung wird unzählige Male verändert, mit der Absicht, die Gäste so zu setzen, dass es keine Konflikte gibt, sich alle gut verstehen und vielleicht noch ein paar Verkupplungsbemühungen gelingen. Findet die Party schließlich statt, so rennen sie den ganzen Abend wie ein „aufgeschrecktes Huhn" herum und versuchen, ihre Gäste optimal mit Essen und Trinken zu versorgen. Zwischendurch räumen sie schon einmal das „Gröbste" auf. Und kaum haben sie sich versehen, ist die Party schon wieder vorbei. Alle haben sich gut amüsiert, und sie sitzen nun erschöpft auf dem Sofa.

Der Herr des Hauses kann überhaupt nicht verstehen, warum sie solch einen Aufwand freiwillig betreibt und sich anschließend auch noch beklagt. Hätte er die Party veranstaltet, so hätte er vermutlich zwei Tage vor dem Termin einen telefonischen Rundruf gestartet und alle eingeladen. Er hätte jedem selbst überlassen, wo er oder sie sitzen möchte. Ein Büfett hätte er im „Schlemmer-Paradies" bestellt und die Getränke einen Tag vorher im Getränkemarkt gekauft.

Was ist für Sie wertvoll?

Wissen ist nur Macht, wenn Sie dieses Wissen erfolgreich nutzen. Schreiben Sie die drei Gedanken – Ihre drei Diamanten – der vorangegangenen Seiten auf, die Ihnen persönlich wichtig sind:

■ . . . .

■ . . . .

■ . . . .

Das Geheimnis der Liebe

8

Liebe – was ist das?

Vielleicht könnte man das Zauberwort „Liebe" folgendermaßen definieren:

- **L**ust
- **I**ntensität
- **E**rotik
- **B**egierde
- **E**rfüllung

Liebe ist und bleibt ein weitgehend unerforschtes Mysterium. Bei Menschen, die noch so guten Willens sind, kann die Liebe abschwächen oder erkalten; jedoch kann sie aber auch noch stärker, ja sogar viel stärker werden, so dass nichts und niemand diese beiden liebenden Menschen auseinander bringt.

Ein Weiser wurde einmal gefragt, welches die wichtigste Stunde sei, die der Mensch erlebt, welches der bedeutendste Mensch, der ihm begegnet, und welches das notwendigste Werk sei. Die Antwort lautete: Die wichtigste Stunde ist immer die Gegenwart, der bedeutendste Mensch immer der, der dir gerade gegenüber steht, und das notwendigste Werk ist immer die Liebe.

Wer verliebt ist, ist emotional high

Eltern kuscheln mit ihren Kindern, Verliebte streicheln und massieren sich. Ist das Gehirn das wichtigste Lustorgan, dann ist die Haut flächenmäßig sicher das größte: Schätzungsweise fünf Millionen Sinneszellen nehmen auf der im Schnitt 1,7 Quadratmeter großen Körperoberfläche jede noch so zarte Berührung wahr. Wen wir lieben, den berühren wir und genießen jede Streicheleinheit! Rezeptoren in der Haut leiten die zärtlichen Signale über das Rückenmark ins Gehirn. Neue Studien belegen, dass der taktile Sinnesgenuss nicht nur angenehm und lustvoll ist, sondern auch Schmerzen lindert, Heilungsprozesse beschleunigt, Ängste reduziert, Stress abbaut, Verspannungen löst, die Lernfähigkeit steigert und das Immunsystem stärkt; selbst der Blutdruck sinkt.

Der Körper schüttet unter angenehmen Berührungen weniger Stresshormone aus und mehr Oxytocin, ein Hormon, das unser Gehirn auch während der Geburt und des Orgasmus abgibt. Zusätzlich werden Endorphine, körpereigene Schmerzhemmstoffe und populär als „Glückshormone" bezeichnet, freigesetzt. Die Hormone, die wir während einer leidenschaftlichen Liebesnacht produzieren, wirken stressreduzierend und entspannen.

Übung: Dein Glück – mein Glück?

Wissen Sie, was Sie glücklich macht? Schreiben Sie es doch einmal auf:

. . . .

. . . .

. . . .

. . . .

. . . .

Wahrscheinlich sind Sie bei dieser Übung schon sehr ins Stocken geraten. Wenn dem so ist, dann geht es Ihnen wie den meisten Menschen. Lassen Sie sich motivieren, noch einmal in sich zu gehen und nach Ihren persönlichen Quellen des Glücks zu suchen, denn: Je mehr Ihnen einfällt, umso leichter ist es für andere, Sie glücklich zu machen!

Prüfen Sie sich selbst

- Wann haben Sie zuletzt einen Menschen sehr glücklich gemacht?

  . . . .

  . . . .

  . . . .

- Was haben Sie getan?

  . . . .

  . . . .

  . . . .

- Wie und was haben Sie selbst dabei empfunden?

  . . . .

  . . . .

  . . . .

Was heißt „glückswürdig"?

Haben Sie sich hierüber schon einmal Gedanken gemacht? Man kann nicht einfach nur sagen: „Ich möchte jetzt glücklich sein!" Das funktioniert nicht. Sie müssen sich schon selbst bemühen und sich einiges einfallen lassen, damit Sie und Ihr Partner weiterhin auf der Glückswelle schaukeln können.

Überraschen Sie ihn – oft genügen schon kleine liebe Gesten: Hat Ihnen Ihr Partner einmal wieder das Auto getankt, Öl nachgefüllt und ist sogar noch durch die Waschstraße gefahren, so ist das wirklich eine Belohnung wert; etwa ein kleines Kästchen Pralinen mit der Aufschrift „Danke!" Sie haben bestimmt eine passende

Idee und werden überrascht sein, mit welcher Freude er dieses Geschenk würdigt!

Das Glück wohnt niemals bei den Undankbaren!

Wenn Sie bewusst leben wollen, dann müssen Sie sich selbst besser kennen lernen und bereit sein, sich mit schwierigen Fragen zu sich selbst auseinander setzen zu wollen. Das ist eine wichtige Voraussetzung für mehr Selbsterkenntnis.

Jeder hält sich für einen Experten in Sache Liebe. Kein Wunder, denn die meisten Menschen haben hier eine Fülle wunderschöner, aber auch schmerzvoller Erlebnisse hinter sich und Unsicherheiten vor sich. Über die Liebe haben wir nichts in der Schule gelernt, und doch glauben wir, dank unserer Erfahrungen, sehr viel darüber zu wissen. Liebe ist Wärme und wirkt auf den Menschen wie die Flamme auf das Wachs. Sie macht uns formbar und lenkbar. Menschen lieben heißt, sie zu verstehen! Menschenliebe zeigt sich in echter Dienstbereitschaft, im Geben-Wollen, statt Nur-nehmen-Wollen. Es gibt einen alten Grundsatz, der unser Zusammenleben revolutionieren könnte, er lautet: Behandle jeden Menschen so, wie du selbst wünschest, von ihm behandelt zu werden!

Wenn Sie sich diesen Grundsatz immer wieder vor Augen führen und auch danach handeln, kann Ihnen für eine glückliche Zukunft eigentlich nichts mehr im Wege stehen. Bitten Sie auch Ihren Partner, danach zu handeln, und bringen Sie auch seine positiven Charakterzüge voll zur Entfaltung!

Wichtig: Die Liebe kann, wie das Feuer, nicht ohne beständiges Anfachen bestehen, und sie stirbt, sobald sie zu hoffen oder zu fürchten aufhört! (La Rochefoucauld)

Übung:	**Definieren Sie die Liebe**

. . . .

. . . .

. . . .

. . . .

. . . .

Tausendfach wurde versucht, die Liebe zu erklären, zu definieren und das Geheimnis zu entschlüsseln! Was bewirkt sie, was löst sie aus, was kann sie anrichten? Jeder Mensch beantwortet diese Fragen anders, weil jeder andere Erfahrungen macht und jeder seine eigenen, individuellen Erlebnisse hat.

Doch können wir sagen, dass – wenn uns die Liebe erwischt hat – ein unglaublich schönes Glücksgefühl durch unseren gesamten Körper strömt. Wie ein Blitz schlägt sie oft ein; wir spüren „Schmetterlinge im Bauch", schweben auf Wolken im siebten Himmel und könnten die ganze Welt umarmen.

Praxis-Tipp:

- Mit Liebe werden wir urplötzlich bessere Menschen, liebenswertere Menschen. Unsere Augen strahlen mehr als jemals zuvor, wir haben einen viel beschwingteren Gang, und unsere Stimme klingt plötzlich anders – verliebter!

- Wir lächeln wieder mehr, wir sind plötzlich viel freundlicher zu Mensch und Tier.

- Wir werden mit einem Schlag leistungsfähiger und zielstrebiger, der Erfolg stellt sich schneller ein. Alles macht uns plötzlich wieder viel mehr Spaß!

Ein außergewöhnliches Liebesmodell

Die Liebe kann aus Sicht der sinnzentrierten Logotherapie nach Professor Viktor E. Frankl als ein außergewöhnliches Liebesmodell dargestellt werden.

Frankl unterscheidet drei Stufen der Liebe: die körperliche Stufe, die emotionale Stufe und die menschlichste Stufe.

Diese drei Stufen sollten im Idealfall eine Einheit bilden und gehören zusammen wie Mann und Frau, wie Liebe und Glück. Je reifer ein Mensch, umso eher wird er die dritte Stufe erreichen.

Körperliche Stufe: Pure Lust

Hier geht es um rein sexuelles Interesse am anderen. Der andere ist hier nur Mittel zum Zweck: Mittel zur eigenen Bedürfnisbefriedigung.

Emotionale Stufe: Verliebtheit und Leidenschaft

Dies ist ein Gefühl, das jeder schon einmal erlebt hat. Es geht hier primär darum, was der andere Besonderes hat, etwa ein hübsches Lächeln, einen tollen Job, Humor, Macht, Schönheit, besondere Eigenschaften; weiterhin geht es darum, dass wir uns in eine Art Profil, einen bestimmten Typ verlieben, jedoch den wirklichen Menschen im Moment gar nicht sehen! Hier geht es nur darum, dass der andere uns glücklich machen soll.

Auf dieser Stufe ist ein Mensch noch austauschbar. Verliebtheit fragt: Was habe ich davon? Was ist gut für mich?

Hier geht es ausschließlich um das Wohlbefinden, das eigene Glück!

Viele Männer verharren in jungen Jahren auf der untersten, der körperlichen Stufe; sie verwechseln wahre Liebe mit körperlicher

Lust. Während die Frauen meist nach einem ganz bestimmten Typ Ausschau halten; sie verwechseln die spontane Leidenschaft, ihre Verliebtheit mit Liebe.

Menschlichste Stufe: Wahre, bedingungslose Liebe

Dies ist die menschlichste Form der Liebe: die wahre Liebe. Denn wenn ein Mensch so weit gekommen ist, dann erkennt er den anderen in seiner absoluten Einzigartigkeit – nicht als das, was er hat, sondern als das, was der andere ist.

Hier geht es um den Liebenden primär – und zwar vor allem anderen – um das Wohlergehen des Partners. Den anderen Menschen so anzunehmen, wie er ist, und ihn darin zu unterstützen, der Mensch zu werden, der der andere werden möchte.

Wahre Liebe fragt danach: Was ist für den anderen gut? Was ist für uns beide gut und sinnvoll?

Hier geht es um das Wohlergehen des anderen, des anderen Glück!

Geliebt zu werden ist eine Gnade (= ein Geschenk, das ich nicht erzwingen kann), aber zu lieben ist ein Verdienst (= der Wunsch, diesem Wert zu dienen, für diesen Wert von Nutzen zu sein) in Anlehnung an Frankl.

Wichtig: Vielleicht haben Sie jetzt erkannt, dass es nicht Ihre Aufgabe ist, den Partner nach Ihren (Wunsch-)Vorstellungen zu formen, sondern herauszufinden, wie der andere gerne sein möchte, wie der andere sich entwickeln möchte, und ihn dabei zu unterstützen!

Prüfen Sie sich selbst

- Wissen Sie, was für ein Mensch Ihr Partner gerne sein möchte?

  . . . .

  . . . .

  . . . .

- Kennen Sie seine/ihre Werte, und sind Sie der Entfaltung Ihres Partners förderlich oder hinderlich?

  . . . .

  . . . .

  . . . .

Wichtig: Die Liebe allein versteht das Geheimnis, andere zu beschenken und dabei selbst reich zu werden!

(Clemens von Brentano)

Damit die Liebe im Alltag nicht untergeht!

Die Partnerschaft und die Familie sollten ein Ort von Geborgenheit und Liebe sein, der ein ideales Wachstumsklima zur Entfaltung von Talenten und Persönlichkeit bietet. Dies ist jedoch nur dann möglich, wenn jeder Einzelne sich in der Partnerschaft engagiert.

Die Wahl des Liebes- und Lebenspartners ist sehr wichtig. Noch wichtiger ist allerdings, wie Sie diese Beziehung gestalten und was Sie tun, um sie zum Erfolg zu führen.

Liebesglück finden Sie nicht, wenn Sie nur auf Ihren eigenen Vorteil bedacht sind. Liebesglück ist die Belohnung dafür, dass Sie liebevoll handeln und kommunizieren. Denn Worte können grausame Waffen sein, die die Seele stark verletzen können!

Wichtig: Das explosive Gefühl, sich zu verlieben, ist etwas völlig anderes als die Liebe, die zwei Menschen ein Leben lang zusammenhält. Denn der Zustand des Verliebtseins – so hat es die amerikanische Psychologin Barbara de Angelis in langjährigen Studien ernüchternd herausgefunden – währt im günstigsten Fall nur vier Jahre. Danach seien nicht mehr nur die Gefühle Grund für ein weiteres Zusammenbleiben, sondern allein die Entscheidung, zusammenbleiben zu wollen. Liebe ist ein aktiver Prozess, die Betätigung eines menschlichen Vermögens, kein passiver Akt, ein Geben, kein Empfangen. Schon deshalb kann das explosive Verliebtsein keine Liebe sein, da sie das exklusive Recht auf einen anderen Menschen einklagt, oft vermischt mit Gier, Eifersucht und Besitzstreben.

Leidenschaft allein ist nicht Liebe, sie kann lediglich einen Teilbereich der Liebe abdecken. Nur in Kombination mit Nähe und dem festen Entschluss (commitment), eine Bindung einzugehen, diese aufrechtzuerhalten und vor allem den anderen zu lieben, kann eine große Liebe entstehen!

Praxis-Tipp:

- An den Tagen, an denen Sie nicht in der Stimmung sind zu lieben, sollten Sie nicht so sehr auf Ihre Gefühle hören und trotzdem liebevoll handeln.

- Denn Gefühle sind häufig Launen und Schwankungen unterworfen.

- Sie sollten Ihr Leben jedoch auf einem festeren Fundament aufbauen, auf dem der bedingungslosen Hingabe.

Die Kunst zu lieben

Treffen Sie eine Entscheidung für Ihre noch schönere Zukunft und nehmen Sie sich folgende Worte von Erich Fromm zu Herzen:

Man übersieht einen wesentlichen Faktor in der erotischen Liebe – den Willen! Jemanden zu lieben ist nicht nur ein starkes Gefühl, es ist auch eine Entscheidung, ein Urteil, ein Versprechen!

„Es gibt kaum eine Aktivität, kaum ein Unterfangen, das mit so ungeheuren Hoffnungen und Erwartungen begonnen wird und das mit einer solchen Regelmäßigkeit fehlschlägt wie die Liebe", schreibt Erich Fromm in seinem Buch „Die Kunst des Liebens" und rät, herauszufinden, was „lieben" eigentlich bedeutet: „Der erste Schritt auf diesem Wege ist, sich klarzumachen, dass Lieben eine Kunst ist. Wenn wir lernen wollen zu lieben, müssen wir genauso vorgehen, wie wir das tun würden, wenn wir irgendeine andere Kunst, z.B. Musik, Malerei, das Tischlerhandwerk oder die Kunst der Medizin oder die der Technik lernen wollen."

Warum trennen sich Menschen so schnell?

Barbara de Angelis sieht dahinter die ewige Suche nach dem Rausch, nach der Ekstase. Im Rausch scheint das Glück des modernen Menschen zu liegen.

Kaufrausch, Drogenrausch, Erfolgsrausch – ohne „Kick" kein „Glück"! Und jetzt auch noch der Liebesrausch, die Suche nach dem „Flash", wie es ein Heroinsüchtiger formulieren würde. Werden wir alle zu Junkies der Lust? Vielleicht sollte man, um das zu verhindern, erst einmal die Mythen über die Liebe entzaubern. Dann kann man die Liebe vielleicht als das sehen, wie Scott Peck sie definiert, als den Willen, über die eigenen Grenzen zu wachsen, um das geistig-seelische Wachstum der eigenen Person und des anderen zu fördern. Denn gegenseitige Hilfe macht stark und schmiedet Sie noch fester zusammen!

Was ist für Sie wertvoll?

Wissen ist nur Macht, wenn Sie dieses Wissen erfolgreich nutzen. Schreiben Sie die drei Gedanken – Ihre drei Diamanten – der vorangegangenen Seiten auf, die Ihnen persönlich wichtig sind:

- ■ . . . .
- ■ . . . .
- ■ . . . .

Was brauche ich, um glücklich zu sein?

Um im Leben glücklicher und zufriedener zu sein, sollte jeder herausfinden und auch wissen, was ihn glücklich macht! Genauso ist es in der Liebe. Wir sollten wissen, unter welchen Bedingungen wir uns geliebt fühlen, wir sollten herausfinden, was wir brauchen, um uns in unserer Beziehung so richtig wohl zu fühlen.

Wir alle gehen Beziehungen ein – in der Hoffnung, dass wir unsere emotionalen Bedürfnisse erfüllt bekommen! Es klingt vielleicht sehr nüchtern, doch das gegenseitige Erfüllen der Bedürfnisse gleicht einem regen Austausch von Liebenswürdigkeiten, und solange die Balance zwischen Geben und Nehmen ausgeglichen ist, werden sich zwei Menschen in dieser Beziehung wohl fühlen und optimal entfalten.

Liebe heißt geben, aber auch nehmen und annehmen

Es gibt Menschen, die zu viel geben, jedoch nichts annehmen. In der populärwissenschaftlichen Literatur spricht man hier von „Menschen, die zu sehr lieben" bzw. von der Co-Abhängigkeit. Diese Menschen verdrängen zumeist ihre eigenen Bedürfnisse. Frauen spielen beispielsweise in solchen Momenten für andere die „Mutter der Nation". Gutmütig übernehmen sie alle möglichen Aufgaben sowie Probleme und hoffen, dafür mehr Liebe zu bekommen. Zumeist führt ihr „Fürsorgeterror" jedoch zum Gegenteil. Im Gegensatz dazu gibt es die neurotischen Menschen. Sie fordern zu viel Liebe, ohne die Bereitschaft, selbst viel zu geben. – Beide Wege führen nicht zu einem Leben voller Liebe, Lust und Leidenschaft.

Wir alle sehnen uns nach Liebe und nach dem Gefühl, geliebt zu werden. Ob wir uns geliebt fühlen, hängt jedoch ganz stark davon ab, ob unsere emotionalen Bedürfnisse erfüllt bzw. befriedigt sind.

Nach Antoine de Saint-Exupéry ist Liebe erst dann Liebe, wenn keine Gegenliebe erwartet wird. Aus diesem Verständnis heraus sollte es Ihnen sogar ein großes Bedürfnis sein, Ihrem Lebenspartner zu geben, was er braucht. Natürlich sollten Sie auch für sich persönlich herausfinden, was Sie brauchen, denn so können Sie Ihrem Partner helfen, Sie noch glücklicher zu machen.

Bin ich meinem Partner ein guter Partner?

Es ist unsere Aufgabe, den Partner zu lieben, zu unterstützen und aufzubauen und ihn nicht ständig zu kritisieren, zu belehren und niederzumachen oder zu therapieren.

Prüfen Sie sich selbst

- Kann ich aufbauend kommunizieren?

  Ja ☐   Nein ☐
- Wie definiere ich „aufbauende" Kommunikation?

  . . . .

  . . . .

  . . . .

Das Geheimnis der Liebe

- Gebe ich meinem Partner, was er wirklich braucht?

  Ja ☐   Nein ☐

- Bin ich heute meinem Partner ein besserer Partner als vor einem Jahr oder vor drei, fünf, zehn oder 15 Jahren?

  Ja ☐   Nein ☐

- Wenn „Nein": Warum nicht?

  . . . .

  . . . .

  . . . .

Inzwischen werden 80% der Trennungen von Frauen initiiert – mit der Begründung: „Ich bekomme in dieser Beziehung meine Bedürfnisse nicht erfüllt." Diese Frauen fühlen sich einfach nicht geliebt! Ein ganz entscheidender Grund, warum „Mann" sich damit beschäftigen sollte, was die Frau wirklich braucht.

Ich spreche in diesem Zusammenhang gerne von „artgerechter Haltung", denn Männer und Frauen haben unterschiedliche emotionale Bedürfnisse!

Männer fühlen sich geliebt, wenn

- sie spüren, dass wir an sie glauben,

- sie erleben, dass wir sie akzeptieren,

- wir ihnen Anerkennung schenken und sie bewundern!

Frauen fühlen sich geliebt, wenn

- er sich um ihr Wohlergehen kümmert,

- sie sich verstanden fühlt,

- er sie voller Respekt behandelt und

- er ihr immer wieder sagt und zeigt, wie sehr er sie liebt.

Bei der intensiven Beschäftigung mit diesen Bedürfnissen wird sehr schnell deutlich, dass es inhaltliche Überschneidungen gibt. Entscheidend ist jedoch, dass Sie bereit sind, sich so intensiv wie möglich mit diesen Bedürfnissen auseinander zu setzen.

Praxis-Tipp:

Machen Sie sich bitte die Mühe, herauszufinden, was Sie wirklich brauchen und was Ihr Partner braucht. Wenn Sie sich zum ersten Mal mit Ihren emotionalen Bedürfnissen beschäftigen, dann sollten Sie sich in den nächsten Wochen ganz genau beobachten und darauf achten, was Ihnen das Gefühl gibt, geliebt zu werden, und wann Sie sich ungeliebt, ja gekränkt oder zurückgestoßen fühlen. Seien Sie bitte möglichst ehrlich zu sich selbst. Vielleicht überprüfen Sie Ihre Selbsteinschätzung auch mit dem Bild, das Ihr Partner von Ihnen hat.

Warum streiten Paare?

Paare streiten sich dann, wenn sich einer von beiden ungeliebt fühlt. Ungeliebt fühlen wir uns aber immer dann, wenn eines oder mehrere unserer emotionalen Bedürfnisse nicht befriedigt ist.

Meist sind es nur Kleinigkeiten, wie: Er geht morgens aus dem Hause, und sie klagt über schlimme Kopfschmerzen. Er wünscht zwar gute Besserung, doch als er abends nach Hause kommt, versäumt er, zu fragen, wie es ihr geht! Sie kann so etwas natürlich nicht verstehen und fragt sich: Warum erkundigt er sich nicht nach meinem Befinden? Er kümmert sich ja überhaupt nicht um mich! Besser wäre, sie würde laut sagen: „Ich habe keinen schönen Tag hinter mir, meine Kopfschmerzen haben mich den ganzen Tag über beeinträchtigt." Oder: „Ich bin ja so froh, nachdem ich heute Morgen an der frischen Luft war, sind meine Kopfschmerzen wie weggeblasen!"

Praxis-Tipp:

Warten Sie nicht darauf, bis sich Ihr Partner nach Ihrem Befinden erkundigt, sondern erzählen Sie, was Sie auf dem Herzen haben – dann sind Sie auch nicht traurig und enttäuscht!

Wichtig: Wenn Sie in Streitsituationen erkennen, was Ihnen oder Ihrem Partner wirklich fehlt, dann lässt sich der Streit auch schnell beenden. Denn selten geht es im Streit wirklich um das laut hörbare Thema; es ist ein ungestilltes Bedürfnis, das im Hintergrund den Streit anzettelt.

Zu Beginn einer Beziehung haben wir dem anderen ganz automatisch und vor allem ganz selbstverständlich die emotionalen Bedürfnisse erfüllt. Wir haben uns in der Gesellschaft des anderen sehr wohl gefühlt und auch dem anderen ein gutes Gefühl vermittelt. Ellen Kreidman behauptet sogar, dies sei der Grund, warum wir uns in jemanden verlieben; sie sagt, es kommt darauf an, wie wir uns in der Gesellschaft dieses Menschen fühlen. Gelingt es dem anderen, dass wir uns in seiner Gegenwart mehr mögen als sonst, dann werden wir uns in diese Person verlieben.

Sicher hatten auch Sie zu Beginn Ihrer Beziehung das Gefühl, dass Ihr Partner erkennt, dass Sie eine ganz außergewöhnliche Persönlichkeit sind.

Im Laufe der Zeit neigen jedoch viele Paare dazu, sich immer weniger um das emotionale Wohlergehen des anderen zu bemühen. Was uns einst so leicht über die Lippen ging, scheint uns nicht einmal mehr in den Kopf zu kommen. Jedoch können wir die Liebe und Leidenschaft nur dann in unseren Herzen brennen lassen, wenn wir immer wieder „Holz" ins Feuer werfen.

Praxis-Tipp:

■ Sie sollten ganz bewusst, also absichtlich, die Bedürfnisse Ihres Partners erfüllen und nicht darauf warten, bis Sie mal wieder in der Stimmung dazu sind.

■ Sie sollten vorsätzlich, mutwillig, bewusst, intentional und aktiv das Bedürfnis nach Liebe stillen!

■ Werden Sie ein Meister der Beglückungskunst!

Es geht darum, bewusst positiv zu handeln und zu sprechen. Viele Menschen beißen sich eher die Zunge ab, bevor sie bereit sind, andere zu loben oder anzuerkennen. Wenn Sie mehr Liebe spüren wollen, dann sollten Sie selbst damit anfangen, liebevoller zu handeln und liebevoller zu kommunizieren. Das heißt nicht, dass Sie alles hinnehmen sollen, doch Sie müssen zunächst für sich selbst herausfinden, wie Sie es gerne hätten. Je mehr Sie bereit sind, die emotionalen Bedürfnisse Ihres Partners zu befriedigen, umso mehr Wünsche können Sie selbst äußern und darauf bauen, dass sie auch erfüllt werden bzw. der andere sein Möglichstes gibt.

Die emotionalen Bedürfnisse der Männer

Männer wollen in erster Linie das Gefühl haben, keine Versager zu sein, vor allem nicht in den Augen der Frau, die sie am meisten lieben. Daher ist es sehr wichtig, dass er genau spürt, dass seine Frau an ihn glaubt.

Glaube und Vertrauen

Was bedeutet „Ich glaube an dich"? Es signalisiert dem anderen, dass ich ihm etwas zutraue. Ich vertraue darauf, dass der andere seine Probleme alleine lösen kann. Ich glaube an seine Fähigkeiten und an seine guten Absichten. Ich bin zuversichtlich, dass der andere alles erreichen kann, was er sich vorgenommen hat.

Das Geheimnis der Liebe

Wichtig: Gerade in schwierigen Zeiten ist es besonders wichtig, dass die Partnerin den Glauben an seine Fähigkeiten stärkt und niemals verliert! Zweifel, Misstrauen, Kontrolle, Bedenken, Skepsis, Befürchtungen, Schwarzseherei, Mutlosigkeit und Pessimismus können zu „Liebeskillern" mutieren.

Wie kann eine Frau ihrem Partner zeigen, dass sie an ihn glaubt?

Folgende Fragen stelle ich immer meinen Seminarteilnehmern. Hier eine kurze Zusammenfassung ihrer Antworten.

Was würden Sie sagen, um ihm das Gefühl zu geben, dass Sie an ihn glauben?

- Ich glaube an dich.

- Du kannst das. Ich weiß es ganz genau.

- Mach mal, du schaffst das schon.

- Ich vertraue dir.

- Mach, wie du es für richtig hältst.

- Du wirst deinen Weg gehen, das weiß ich ganz genau.

- Ich glaube an dich, weil du es schon oft geschafft hast.

- Du weißt doch, dass kleine Rückschritte zum Leben gehören – also, jetzt nur nicht aufgeben.

- Alles geht vorbei – lass uns nach vorne schauen.

- Morgen sieht die Welt ganz anders aus.

- Ich weiß, ich kann mich auf dich verlassen.

- Ich weiß, dass du da bist, wenn ich dich brauche.

- Ihn fragen: Wie wirst du dieses Problem lösen?

- Alles wird gut!

- Wir schaffen das schon – gemeinsam geht alles besser.

Was könnten Sie tun oder unterlassen, um ihm das Gefühl zu geben, dass Sie an ihn und seine Fähigkeiten glauben?

- Ihn ermutigen.

- Ihn Probleme alleine lösen lassen.

- Sich eher zurückhalten und eher darauf vertrauen, dass er sein Bestes gibt.

- Nicht zweifeln.

- Kein Mitleid.

- Ihn nicht kritisieren, sondern genau sagen, wie ich es gerne hätte.

- Ihn nicht wie einen „Versager" behandeln.

- Ihm keine Hilfe aufdrängen – kein Fürsorgeterror.

- Ihm keine Ratschläge oder Handlungsanweisungen geben.

- Keine negativen Prophezeiungen, wie: „Das kannst du nicht, das ist zu schwer für dich, du bist dafür zu jung, zu alt."

- Positive Prophezeiungen formulieren, wie: „Du wirst sehen, das schaffst du spielend, das hast du einfach super gemacht."

- An gemeinsame Erfolge erinnern.

- An Träume und Ziele erinnern.

- Begeisterung und Optimismus zeigen.

- Nicht alles diskutieren und in Frage stellen, sondern einfach auch mal „Ja" sagen.

Das Geheimnis der Liebe

Übung: Glaube und Vertrauen zeigen

Was würden Sie zu Ihrem Partner sagen?

. . . .

. . . .

. . . .

. . . .

. . . .

Was könnten Sie sagen, um ihm das ganz sichere Gefühl zu geben, an ihn zu glauben?

. . . .

. . . .

. . . .

. . . .

. . . .

Alles, was Sie Ihrem Partner über sein Verhalten, über seine Person sagen, ist vergleichbar mit einem Gedanken, den Sie einpflanzen. Auch wenn er nicht sofort sichtbar ist, so wird dieser Gedanke mit der Zeit erst zu einem Glauben wachsen und später zu einer festen Überzeugung werden!

Beispiel: ————————————————————————

- Sie sagen mehrfach: Es ärgert mich, dass du immer unpünktlich bist! Er denkt schließlich: Ich glaube, ich bin ein unpünktlicher Mensch. Nach einigen Monaten ist er davon überzeugt: Ja, ich bin immer unpünktlich!

> ■ Was wäre passiert, wenn Sie gesagt hätten: Normalerweise bist du ja immer pünktlich – sicher wirst du einen guten Grund haben, warum du zu spät gekommen bist, ruf mich doch einfach das nächste Mal an, wenn es etwas später wird. – Er hätte sicher sein strahlendstes Lächeln aufgesetzt.

Bitte nehmen Sie sich die folgende wahre Geschichte zu Herzen: Ende des 19. Jahrhunderts arbeitete ein junger Mechaniker für die Elektrizitätsgesellschaft von Detroit. Damals verdiente er knapp elf Dollar die Woche, und er musste dafür täglich elf Stunden arbeiten. Immer wenn er am Abend nach Hause kam, ging er in seinen alten Schuppen hinter dem Hause. Er hatte sich dort eine kleine Werkstatt eingerichtet, denn er träumte davon, eine neuartige Maschine zu bauen. So geschah es nicht selten, dass er die halbe Nacht in seiner Werkstatt verbrachte. Seine Eltern waren gute Menschen und verdienten ihren Lebensunterhalt auf ihrer Farm. Was ihr Sohn jeden Abend tat, war für sie bloße Zeitverschwendung. Die Nachbarn schüttelten auch nur mit dem Kopf und machten sich über ihn lustig. Kein Mensch glaubte, dass seine Bastelei zu etwas führen würde. Nur seine Frau glaubte an ihn, und häufig half sie ihm noch bis spät in die Nacht bei seinen Versuchen. In den langen Winternächten war sie meist bei ihm, um die Petroleumlampe zu halten, damit er beim Arbeiten etwas sah. Trotz klirrender Kälte ließ sie sich nicht davon abbringen, ihm zur Seite zu stehen. Seine Frau war so überzeugt davon, dass seine Maschine eines Tages funktionieren würde, dass er sie „die Gläubige" nannte. Endlich, nach drei Jahren harter Arbeit funktionierte diese außergewöhnliche Maschine tatsächlich. Kurz vor seinem 30. Geburtstag, an einem klaren Sommerabend, öffneten sich die Tore des Schuppens, und heraus kam eine fahrende Kutsche – ohne Pferd. Henry Ford und seine Frau hatten es geschafft, und mit ihnen begann ein neues Zeitalter. Bis an sein Lebensende sprach Henry Ford stets mit sehr großem Respekt und voller Liebe von seiner Frau, „seiner Gläubigen".

Das Geheimnis der Liebe

„Glauben-können" ist eine Eigenschaft, die sehr viel Mut erfordert. Es ist eine Eigenschaft, die sich weigert, einen Fehlschlag als endgültig anzusehen, und die stets darauf hinarbeitet, ein verlorenes Selbstvertrauen wieder aufzubauen. Gerade in schwierigen Zeiten hat die Partnerin sehr viel Einfluss auf den Mann, und gerade dann ist es wichtig, sich wie eine kluge Frau zu verhalten, die nicht duldet, dass ihr Mann einen Fehlschlag einfach hinnimmt. Diese Frau hebt ihn auf, wenn er geschlagen wurde, versorgt ihn mit Streicheleinheiten und schickt ihn zum Weiterkämpfen in den Ring zurück.

Toleranz und Akzeptanz

Das Bedürfnis nach Toleranz und Akzeptanz ist bei Männern stark ausgeprägt. Männer beklagen sich oft, dass ihre Frauen versuchen, sie ständig zu verändern.

Ihn zu akzeptieren bedeutet aber, dass er das Gefühl bekommt, dass Sie ihn so lieben und annehmen, wie er ist. Vor allem geht es hier auch darum, ihm zu verzeihen, dass er nicht perfekt ist.

Folgende Fragen stelle ich immer meinen Seminarteilnehmern. Hier eine kurze Zusammenfassung ihrer Antworten.

Was könnten Sie sagen, um ihm das Gefühl zu geben, dass Sie ihn so akzeptieren, wie er ist?

- Ich liebe dich so, wie du bist.

- Ich bin glücklich, dass du genau so bist.

- Ich will dich nicht verändern.

- Bleib, wie du bist.

- So wie du es machst, ist es o.k.

- Ja, du hast Recht.

- Nimm dir die Zeit, die du brauchst.

- Das macht Sinn.

- Ich gehe mit dir durch dick und dünn.

- Mit dir würde ich auch unter einer Brücke leben.

- Du hast (ja so) Recht.

- Geh ruhig mit deinen Freunden zum …

Was könnten Sie tun oder unterlassen, um ihm das Gefühl zu geben, dass Sie ihn so lieben, wie er ist?

- Weniger (viel weniger) nörgeln.

- Nicht ständig kritisieren, sondern sagen, wie Sie es gerne hätten.

- Nerven Sie nicht ständig mit Ihrem Ordnungstick.

- Nicht nachspionieren.

- Nicht alles besser wissen.

- Ihn Fußball schauen lassen (oder andere Sendungen, die er mag).

- Seinen Freundeskreis akzeptieren.

- Nicht nach Schwächen suchen, sondern sich auf seine Stärken konzentrieren.

- Nicht versuchen, ihn ständig zu verändern, sondern ihn lieben, wie er ist.

- Nicht auf seinen Fehlern „herumreiten", sondern kleine Fehler übersehen, ignorieren und verzeihen.

- Seinen Beruf akzeptieren.

- Seine Ziele teilen und unterstützen.

Das Geheimnis der Liebe

- Nicht mit anderen Männern vergleichen.

- Bitte niemals seine Hobbys mies machen, sondern ihm Freiräume geben, und lernen, sich mit sich selbst zu beschäftigen.

- Ihn nicht ständig mit Fragen löchern.

- Ihn auch mal in Ruhe lassen.

- Schlechte Laune ignorieren.

- Nicht alles ausdiskutieren.

- Ihn häufiger um Rat fragen.

- Ihn häufiger um Hilfe bitten.

- Kleine Missgeschicke trotzdem positiv deuten und nicht sagen: „Das habe ich kommen sehen" oder „Das habe ich dir doch gleich gesagt".

- Keine Erziehungsexperimente.

- Männer schätzen es sehr, Recht zu behalten.

- Nicht immer Recht haben wollen, sondern seine Entscheidungen auch mal (wortlos) akzeptieren und/oder ihm zustimmen.

- Seine Entscheidungen nicht immer hinterfragen.

- Lange Leine lassen.

- Fehler verzeihen und vor allem vergessen.

- Körperkontakt suchen.

- Seine sexuellen Annäherungsversuche positiv aufnehmen, auf gar keinen Fall schroff ablehnen.

Übung: **Toleranz und Akzeptanz beweisen**

Wie geben Sie Ihrem Partner das Gefühl, dass Sie ihn so akzeptieren, wie er ist?

. . . .

. . . .

. . . .

. . . .

. . . .

Wie zeigen Sie ihm, dass Sie ihn und seine Eigenheiten akzeptieren?

. . . .

. . . .

. . . .

. . . .

. . . .

Gewiss müssen Sie sich nicht mit allen seinen schlechten Eigenschaften abfinden. Sie werden sie aber auch durch ständiges Kritisieren nicht beseitigen. Machen Sie sich bitte eines ganz klar: Sie werden ihn nicht ändern, aber Sie können ihn ermutigen, sich weiterzuentwickeln!

Wichtig: Es ist ein grundlegender Fehler, einen Mann zu etwas drängen zu wollen. Wer ihm die Chance eröffnet, auch einmal Nein zu sagen, hat wesentlich größere Chancen auf ein aufrichtiges Ja! Endlose, mitunter sogar schmerzvolle Diskussionen bringen keinen Erfolg und vergiften nur die Atmosphäre.

Prüfen Sie sich selbst

- Wie viele Fehler darf Ihr Partner machen?

  ....

  ....

  ....

- Können Sie sich mit den Macken bzw. Eigenheiten Ihres Partners anfreunden?

  ....

  ....

  ....

- Können Sie sich mit seinen „Spielzeugen" anfreunden, wie Computer, Handy, Stereoanlage, Auto, Bohrmaschine?

  ....

  ....

  ....

Zeigen Sie ihm, dass Sie ihn akzeptieren

Wenn Ihr Partner so wenig Ihren Vorstellungen entspricht, dann hören Sie endlich auf, ständig zu nörgeln!

Wenn Sie ihn nicht so lieben können, wie er ist, dann geben Sie ihn lieber frei, bevor Sie ihn zerstört haben. Wenn Sie sehr viel an ihm auszusetzen haben, dann ist das vielleicht nur ein Zeichen dafür, dass Sie ihn gar nicht wirklich mögen.

Prüfen Sie sich selbst

- Angenommen, er würde genauso bleiben, wie er heute ist, würden Sie dennoch bei ihm bleiben, ihn lieben und unterstützen?

....

....

....

- Welche eine einzige Sache würden Sie gerne ändern?

....

....

....

- Wie könnten Sie ihn dabei unterstützen?

....

....

....

- Wer könnte ihm dabei helfen?

....

....

....

- Will er dabei Ihre Unterstützung?

....

....

....

Gibt es nur eine „Macke", die Sie wirklich stört? Wenn ja, dann sind Ihre Chancen weit größer, denn eine kleine Sache würde jeder von uns verändern, um den anderen glücklich zu machen – nur nicht alles!

Hören Sie auf, ihn mit anderen zu vergleichen. Schon die Äußerung, dass ein anderer Mann besser tanzen kann als er, wird ihn sehr verletzen.

Stellen Sie sich einmal diese wahre Begebenheit vor: Ein Mann kegelte für sein Leben gern: Jeden Freitagabend schob er mit seinen Freunden die Kugel – meistens bis spät in die Nacht. Doch seiner Frau passte das gar nicht! Schon am frühen Morgen fing sie an zu nörgeln. Das ging jahrelang so. Immer wieder bat sie ihn, seinen Kegelabend aufzugeben. Aber er liebte sein Hobby so sehr, dass er dem Wunsch seiner Frau nicht nachkommen wollte. Dann stellte sie ihn vor die Wahl: „Gib' deinen Kegelabend auf, oder ich gehe!" Da sah er rot, zog ein Messer und stach es seiner Frau in die Brust – sie brach tot über dem Frühstückstisch zusammen! Von Nachbarn wurde er als ruhiger, netter Mensch bezeichnet, der sehr fleißig war und sich rührend um seine Familie kümmerte; das Einzige, was er sich gönnte und auch mit Freuden tat, war Kegeln. Doch das Kritisieren und Meckern seiner Frau über sein einziges, sein geliebtes Hobby konnte er einfach nicht mehr länger ertragen.

Wichtig: Wenn eine Frau ständig an ihrem Mann herumnörgelt und versucht, ihn zu verbessern, dann glaubt er, dass sie ihn reparieren will, weil er nicht in Ordnung und nicht gut genug ist! Leider realisiert sie nicht, dass ihre Versuche ihn demütigen, verletzen und ihm die Würde nehmen! – Tun Sie das bitte nicht, freuen Sie sich über seine Hobbys und seinen Beruf und zeigen Sie Interesse daran.

Anerkennung

Männer sind geradezu süchtig nach Anerkennung, und je mehr ein Mann abstreitet, dass er sich nach Anerkennung sehnt, umso mehr braucht er sie.

Es geht hier darum, dass andere wahrnehmen, was der Mann getan hat! Sie registrieren seine Anwesenheit, sein Verhalten, seine Bemühungen und geben ihm durch Worte, Mimik oder andere Signale zu verstehen, dass sie seinen Einsatz zu schätzen wissen.

Gerade im privaten Umfeld geht im Alltagstrott vieles unter, die Anerkennung bleibt ebenso auf der Strecke. So sind viele Männer der Überzeugung, dass sie sehr hart arbeiten, um ihre Familie zu ernähren; und wenn sie abends nach Hause kommen, werden sie mit bösen Blicken und Problemen überfallen; kein Mensch dankt ihnen für ihre harte Arbeit. Niemand scheint zu Hause zu registrieren, was sie alles tun für ihre Frauen und Kinder! Männer sehnen sich – gerade von ihrer Frau – nach Wertschätzung und dem Gefühl, alles richtig zu machen.

Folgende Fragen stelle ich immer meinen Seminarteilnehmern. Hier eine kurze Zusammenfassung ihrer Antworten.

Was könnten Sie sagen, um ihm das Gefühl zu geben, dass Sie seine Bemühungen wahrnehmen und zu schätzen wissen?

- Ich finde gut, was du machst.

- Ich weiß, wie viel Mühe du dir machst.

- Du verstehst mich.

- Danke, dass …

- Es war sehr aufmerksam von dir, dass du …

- Dass du trotz allem daran gedacht hast, …

- Das Leben mit dir ist sehr schön.

- Ich fühle mich so sicher bei dir.

- Erinnern Sie ihn immer wieder an seine positiven Taten: Weißt du noch, damals …

- Das war eine gute Idee von dir.

- Liebling, das Restaurant ist ganz toll, … (verkneifen Sie es sich, etwas zu sagen, wenn das Essen nicht perfekt ist).

- Unser Urlaub war so schön.

Was könnten Sie tun oder unterlassen, um ihm das Gefühl zu geben, wie wichtig er ist, und wie können Sie seine Bemühungen anerkennen?

- Lächeln

- Dankbarkeit

- Zufriedenheit ausstrahlen.

- Lob

- Dankbarkeit

- Selbstverständlichkeiten loben.

- Bestärkung

- Ihn dabei erwischen, wenn er etwas richtig macht – registrieren Sie es und loben Sie ihn.

- Sich hübsch machen für ihn.

- Zärtlichkeiten (Umarmung, Kuss, Massage …)

- Jede Bemühung wahrnehmen.

- Ihn positiv empfangen und verabschieden.

- Männer lieben es, mit einem Lächeln empfangen zu werden.

- Besondere Anerkennung zeigen, wenn er Dinge tut, die ihm schwer fallen, die er eigentlich ungern tut.

- Ihn verführen.

- Nicht nur über das reden, was er alles versäumt hat.

- Belohnen, loben und ermutigen.

Übung: Anerkennung zeigen

Was könnten Sie sagen und tun? Was werden Sie sagen und tun?

. . . .

. . . .

. . . .

. . . .

. . . .

Sehr vielen Menschen fällt es sehr schwer, positive Rückmeldungen zu geben. Denn einen Menschen zu kritisieren fällt leichter, als ihn zu loben.

Prüfen Sie sich selbst

- Hatten Sie schon einmal das Gefühl, dass Sie zu viel gelobt werden?

  . . . .

  . . . .

  . . . .

- Haben Sie das Gefühl, dass Sie zu viel loben?

  . . . .

  . . . .

  . . . .

Das Geheimnis der Liebe

■ Was war das letzte Lob, das Sie bekommen haben?

. . . .

. . . .

. . . .

■ Was war das letzte Lob, das Sie gemacht haben?

. . . .

. . . .

. . . .

Wichtig: Bringen Sie den Mut auf, etwas anders zu sein als die Masse. Sie wollen doch Liebe, Lust und Leidenschaft? Wenn ja, dann fangen Sie gleich heute an und seien Sie nicht so geizig mit Ihrer Begeisterung.

Bewunderung

Männer lieben nicht nur Anerkennung, sie wollen auch bewundert und wie ein Held behandelt werden.

Vorteil: Sie werden in Ihrer Partnerschaft viel mehr Spaß haben, wenn Sie es verstehen, Ihren Partner zum Helden zu machen! Sagen Sie ihm öfter lächelnd, wie toll er ist – als Mensch, Vater, im Job und als Liebhaber!

Folgende Fragen stelle ich immer meinen Seminarteilnehmern. Hier eine kurze Zusammenfassung ihrer Antworten.

Was könnten Sie sagen, um ihm das Gefühl zu geben, dass Sie ihn bewundern, dass er Ihr Held ist?

■ Du bist fantastisch.

■ Mein Held, ich bin so stolz auf dich.

■ Ich bewundere dich.

- Ich brauche dich.

- Das hast du toll gemacht.

- Ich könnte das nie so gut.

- Sag mal, wie hast du Teufelskerl das wieder hingekriegt.

- Ich weiß, dass du der Beste bist, wäre ich sonst mit dir zusammen?

- Du bist meine Nummer 1.

- Du bist spitze.

- Du bist der Allergrößte.

- Du bist mein Königstiger.

- Keiner macht mich mehr an.

- Du bist ein fantastischer Liebhaber.

- Ich begehre dich …

- Du bist so stark, du bist der Beste.

- Ich bin sehr glücklich mit dir.

Was könnten Sie tun oder unterlassen, um ihm das Gefühl zu geben, dass Sie ihn bewundern?

- Vor anderen Menschen positiv über ihn sprechen (= öffentlich loben)!

- Fahren Sie ihm in Gesellschaft nicht über den Mund.

- Keine öffentliche Demütigung oder Bloßstellung.

- Keine Beschimpfungen.

- Seine Fähigkeiten/sein Können mehr bewundern als seine Optik.

- Ihn begehren.

- Für ihn schwärmen.

- Verheißungsvoll reagieren.

Das Geheimnis der Liebe

- Ihn anhimmeln und vor allem lächeln und lachen.

- Kein öffentlicher Widerspruch (ist ein direkter Angriff, Ihr Gesicht zu verlieren).

- Positive Spitznamen.

- Für ihn Reklame machen – voller Begeisterung über ihn sprechen.

- Freude und Begeisterung zeigen.

- Stärken hervorheben.

- Erfolge feiern.

Übung: Bewunderung zeigen

Welche Eigenschaften und Erfolge Ihres Partners bewundern Sie?

. . . .

. . . .

. . . .

. . . .

. . . .

Flirten Sie wieder mit Ihrem Partner! Wissen Sie noch, wie das geht? Beschreiben Sie es bitte:

. . . .

. . . .

. . . .

. . . .

. . . .

Praxis-Tipp:

Schon ein Lächeln von Ihnen wirkt Wunder, denn dabei sehen Sie sich in die Augen. Verweilen Sie so einige Sekunden; ein herrliches Gefühl, das durch und durch geht! Lesen Sie ihm seine Wünsche von den Augen ab, er wird es Ihnen danken und Sie dafür belohnen.

Machen Sie sich schön für ihn – so wie früher – und benutzen Sie sein Lieblingsparfüm. Er darf nie den Eindruck haben, dass Sie sich nur „herausputzen", wenn Sie ausgehen. Und ob nun im Familien-, Freundes-, Bekanntenkreis oder in größerer Gesellschaft – halten Sie immer zu ihm. Er muss sich blindlings auf Sie verlassen können. Anerkennung und Bewunderung genießt er vor Dritten besonders gern.

Beispiel:

Sie sagen vor „versammelter Mannschaft": „Ich bewundere meinen Mann immer wieder, dass er schon nach den ersten Takten weiß, welches klassische Stück gespielt wird, und überhaupt, wie belesen er ist. Ich glaube, es gibt fast nichts, was er nicht weiß!" Nun werden Sie garantiert einen liebevollen und dankbaren Blick ernten.

Stellen Sie sich auch bedingungslos hinter ihn, wenn er im Irrtum ist. Besonders in der Öffentlichkeit wäre es nicht klug, wenn Sie über seine Anschauungen urteilen. Das können Sie besser mit weiblichem Geschick unter vier Augen tun. Ganz bestimmt wird er Ihre Diskretion zu schätzen wissen.

Machen Sie ihm ab und zu eine kleine Freude. Er fühlt sich geschmeichelt und geliebt, wenn Sie sich über das freuen, was er für Sie tut. Seine liebevollen Taten öffnen ganz bestimmt nicht nur Ihr Herz, sondern auch sein eigenes. Denn wird er mit Liebe belohnt, so wächst seine Liebe! Machen Sie ihm nach einem

Streit die Versöhnung leicht und reiten Sie nicht auf seinen Fehlern herum; denn wenn er einen Fehler gemacht hat, braucht er Ihre Zuneigung und Liebe noch mehr als sonst.

Wichtig: Seien Sie besonders liebevoll in Situationen, in denen er besonders verletzlich ist.

Praxis-Tipp:

Loben Sie Ihren Partner dafür, wie gut er beispielsweise zuhört – auch wenn es nicht ganz stimmt. Denn je länger Sie ihm diese gute Eigenschaft suggerieren, umso mehr beginnt er selbst daran zu glauben, dass er ein guter Zuhörer ist; er wird sich mehr und mehr wie ein guter Zuhörer verhalten.

Die emotionalen Bedürfnisse der Frauen

Die aktive Frau der Zukunft wünscht vor allem eines: Geliebt zu werden. Das dürfen Sie niemals aus den Augen verlieren.

Aber Männer sind auf dem Gebiet der weiblichen Bedürfnisse unsicher. Kein Wunder, denn nie zuvor wurde so viel von ihnen erwartet, nie zuvor haben die Frauen so viel von ihnen gefordert. Hinzu kommt, dass die meisten Männer ihren Frauen nur allzu gerne geben würden, was sie brauchen, doch meistens wissen sie gar nicht, was die Frauen sich wünschen.

Zu Beginn der Beziehung hat er selbstverständlich nur an seine Liebste gedacht. So war es nicht ungewöhnlich, dass er sie mit Gesten seiner Zuneigung überschüttet hat. Ist sein Ziel jedoch erreicht und hat er sie geheiratet, dann ist für ihn die Zeit gekommen, sich wieder anderen Dingen zu widmen. Jetzt will er seine ganze Energie in die Karriere stecken, damit er Frau und Kind optimal versorgen kann. Stück für Stück erklimmt er die Karriereleiter, während all ihre emotionalen Bedürfnisse langsam in Vergessenheit geraten. Natürlich meint er es nicht böse und glaubt, dass ein großer, teurer Urlaub die vielen einsamen Stunden wieder gutmachen wird.

Keine Sorge, meine Herren, das heißt nicht, dass Sie Ihren Beruf aufgeben sollen, um ein Pantoffelheld zu werden. Alles, was zu empfehlen ist, besteht dann, dass Sie sich täglich einige Minuten nehmen, um Ihre Partnerin glücklich zu machen. Indem Sie sich intensiv mit den weiblichen Bedürfnissen beschäftigen und jeden Tag etwas tun, mit dem Sie Ihrer Frau direkt oder indirekt vermitteln, dass Sie sie lieben!

Wichtig: Lassen Sie Ihre Partnerin nicht zu lange im „Wartezimmer" sitzen, sonst müssen Sie damit rechnen, dass sie irgendwann dort nicht mehr auf Sie wartet, sondern schon auf dem Weg ist, die Scheidung einzureichen! Investieren Sie lieber täglich ein bisschen Zeit, anstatt irgendwann viel Zeit und Geld beim Scheidungsanwalt zu lassen. Als Belohnung winkt eine glückliche Frau – und denken Sie daran, dass glückliche Eltern auch glückliche Kinder haben.

Eine Frau fühlt sich geliebt, wenn sie die folgenden Bedürfnisse erfüllt bekommt:

- Aufmerksamkeit und Pflege
- Interesse und Verständnis
- Respekt und Rücksichtnahme
- Liebesbekundungen jeder Art

Natürlich möchte sie auch heutzutage noch beschützt werden, doch hier geht es um emotionalen Schutz und eine starke Schulter, an die sie sich in ihren schwachen Momenten anlehnen kann. Gerade die scheinbar so starken, unabhängigen Frauen haben erkannt, dass sie die liebevolle Unterstützung eines Partners brauchen.

Praxis-Tipp:

Bleiben Sie einfach so wie zum Beginn Ihrer Beziehung, dann kann eigentlich nichts mehr schief gehen. Rufen Sie sich zwischendurch immer wieder einmal Ihre ersten Begegnungen ins Gedächtnis zurück. Sehen Sie den Ort vor sich, an dem Sie sehnsüchtig aufeinander warteten, und denken Sie in diesem Moment daran, wie groß Ihre Sehnsucht und Liebe war und dass Sie es kaum erwarten konnten, sich zu umarmen. Schließen Sie die Augen für ein paar Minuten und genießen Sie diesen wunderschönen Film, der gerade vor Ihren Augen abläuft. Öffnen Sie jetzt Ihre Augen und erzählen Sie Ihrem Partner von diesem traumhaft schönen Erlebnis: „Weißt du noch, als wir damals …" Das erzeugt eine herrliche Harmonie und Stimmung!

Aufmerksamkeit und Pflege

Frauen kümmern sich um alles und wünschen sich, dass ihr Mann sich mehr um sie kümmert. Viele haben das Gefühl, dass sie für ihn alles tun und er nichts zurückgibt. Häufig sagen sie dann: „Du kümmerst dich um nichts – und um mich schon gar nicht!" Dabei lieben doch die Frauen dieses Gefühl so sehr, wenn er sich liebevoll um ihr Wohlergehen kümmert und sich um sie sorgt. Dieses Gefühl ist auch für die aktive Frau der Zukunft wichtig.

Folgende Fragen stelle ich immer meinen Seminarteilnehmern. Hier eine kurze Zusammenfassung ihrer Antworten.

Was könnten Sie sagen, um ihr zu zeigen, dass Ihnen ihr Wohlergehen wichtig ist?

- Wie geht es dir?

- Was ist heute alles passiert?

- Kann ich dir etwas abnehmen?

- Möchtest du auch etwas zu trinken?

- Hast du noch Bauchschmerzen?

- Ich habe mich sehr auf dich gefreut.

- Heute kümmere ich mich mal um die Kinder.

- Lass uns zu deinem Lieblings-Italiener gehen.

Was könnten Sie beispielsweise alles tun, um sie zu pflegen?

- Zeit nehmen.

- Kleinigkeiten wahrnehmen und erwähnen.

- Kleine Gefälligkeiten ohne vorherige Aufforderung.

- Stadtbummel ohne Stress.

- Abends mal spontan bei der Hausarbeit helfen.

- Einladung bzw. Rendezvous mit ihr.

- Getränk mitbringen.

- Sachen von der Reinigung abholen.

- Ihr schwere Sachen abnehmen.

- Kuscheln/Streicheleinheiten.

- Anrufen

- Aufgaben im Haushalt übernehmen.

- Kleine Haftzettelchen mit lieben Nachrichten.

- Frühstück machen oder Kaffee ans Bett bringen.

- Ihr ein Geschenk mitbringen.

- Kinder abnehmen.

- Ihr den „Rücken frei halten", wenn sie viel zu tun hat.

- Kuscheln, schmusen, küssen und Händchen halten.

Das Geheimnis der Liebe

- Ihre Wünsche erfüllen.

- Besonders lieb sein, wenn es ihr mal schlecht geht.

- Öfters wieder gemeinsam lachen.

Natürlich sind dies nur Anregungen und Beispiele. Am besten Sie machen sich die Mühe und finden heraus, wie sie „betüttelt" werden möchte. Und denken Sie immer daran, dass für Ihre Frau schon die gute Absicht zählt und die kleinen Aufmerksamkeiten genauso wichtig sind wie die großen.

Übung: Aufmerksamkeit zeigen

Was könnten Sie sagen oder tun? Was werden Sie sagen und tun?

. . . .

. . . .

. . . .

. . . .

. . . .

Interesse und Verständnis

Die meisten Frauen fühlen sich schrecklich unverstanden. Das hat zur Folge, dass sie sich mit der Zeit sehr einsam fühlen. Sie sehnen sich danach, dass er Interesse an ihrem Leben zeigt – an ihren Gedanken und vor allem an ihren Gefühlen. Sie sehnt sich nach seinem Mitgefühl, wenn sie von ihren Problemen und Ängsten spricht.

Wer kennt das nicht: „Solange ich gut drauf bin, ist alles o.k.!" Aber wehe, wenn sie mal wieder traurig ist oder von irgendwelchen Problemen berichtet, dann kann aus einem sonst sehr liebevollen Paar ein absoluter Albtraum werden. Denn er kann mit ihren emotionalen Ausbrüchen nicht umgehen.

Folgende Fragen stelle ich immer meinen Seminarteilnehmern. Hier eine kurze Zusammenfassung ihrer Antworten.

Was könnten Sie tun?

- Täglich Zeit einplanen, auch zum Kommunizieren.

- Bewusst darauf achten, in welcher Verfassung sie ist.

- Ihre „negativen Gefühle" nicht ignorieren.

- Probleme ansprechen (nicht abwarten, bis sie riesig sind).

- Sie dazu bringen, über Gefühle und Probleme zu reden.

- Ehrliches Interesse an ihren Gedanken, Gefühlen und Zielen zeigen.

- Aktiv zuhören.

- Versuchen, sie zu verstehen, auf gar keinen Fall Lösungsvorschläge.

- Gefühle nicht abwerten oder minimieren.

- Probleme nicht verniedlichen.

- Nicht mit ihr schimpfen, wenn sie lange telefoniert.

- Liebe geben, wenn sie im Emotionsloch steckt/nicht böse werden/nicht alleine lassen.

- Fernseher ausschalten, Zeitung zur Seite legen.

- Ausreden lassen.

- Viele Fragen stellen.

- Sich durch ihre Gefühle und Aussagen nicht angegriffen fühlen.

- Geduld zeigen.

- Zuhören wie beim besten Freund.

- Ihr helfen, Gedanken zu sortieren.

- Trost spenden ohne Schuldzuweisung.
- Verständnis für ihren „Schönheitsfimmel" zeigen.

Was könnten Sie sagen?

- Erzähl mir von deinem Tag.
- Wie fühlst du dich heute?
- Ich habe den Eindruck, dass du …
- Soll ich dir einfach nur zuhören, oder willst du eine Lösung von mir?
- Komm, lass dich trösten.
- Was glaubst du, warum du dich so fühlst?

Natürlich ist die Qualität der Aufmerksamkeit von großer Bedeutung! Wenn Sie nur so tun, als ob Sie Interesse haben, dann wird sie das sehr schnell merken und sich verletzt zurückziehen.

Übung: Interesse zeigen

Was könnten Sie sagen oder tun? Was werden Sie sagen und tun?

. . . .

. . . .

. . . .

. . . .

. . . .

Praxis-Tipp:

Bringen Sie Ihre Frau immer wieder zum Reden. Sollte sie sehr aufgebracht sein, dann zeigen Sie bitte Ihr Mitgefühl und spenden Sie ihr Trost, auch wenn Sie vielleicht ihre Gefühle nicht ganz nachvollziehen können.

Je mehr Liebe und Unterstützung Sie einer Frau schenken, wenn es ihr nicht so gut geht, umso mehr Liebe werden Sie später ernten. Manchmal müssen Sie auf Ihre Belohnung eine Weile warten, aber glauben Sie, sie kommt bestimmt.

Rücksichtnahme und Respekt

Viele Frauen beklagen sich über sein rücksichtsloses Verhalten, und sie sind enttäuscht, dass er so respektlos mir ihr umgeht. Da Männer sich immer nur auf das konzentrieren, was sie gerade tun, vergessen sie häufig, ihre Partnerin wie eine „Königin" zu behandeln. So ergibt sich der Anschein, dass er sich nur für sich interessiert und auf nichts und niemanden Rücksicht nimmt. Da seine ganze Energie auf das Erreichen eines Zieles ausgerichtet ist, muss er immer wieder liebevoll daran erinnert werden, dass er noch eine Partnerin hat.

Folgende Fragen stelle ich immer meinen Seminarteilnehmern. Hier eine kurze Zusammenfassung ihrer Antworten.

Was könnten Sie beispielsweise tun oder unterlassen, um ihr das Gefühl zu geben, wichtig zu sein?

- Dumme Sprüche unterlassen.

- Filme anschauen, die sie mag.

- Nicht über ihren Musikgeschmack, über ihre Hobbys oder Interessen lustig machen.

- Auch mal ein kleines Opfer bringen, wie gemeinsam zum Tanzkurs gehen.

- Zusagen einhalten.

- Termine pünktlich einhalten und anrufen, falls es später wird.

- Sich an gewisse Spielregeln und Vereinbarungen halten.

- Ihre Meinung und Entscheidung respektieren.

Das Geheimnis der Liebe

- Gemeinsam planen und gemeinsam die Ziele abstimmen.

- Sie nicht vor vollendete Tatsachen stellen.

- Ihr aus dem Mantel helfen.

- Sich auch am Sonntag rasieren – Körperpflege nicht vernachlässigen.

- Körpergeräusche und -gerüche unter Kontrolle halten.

- Positive Koseworte wählen.

- Passende Geschenke machen.

- Ihr das Gefühl geben, dass sie wichtiger ist als …

- Sie wie eine Dame/eine Königin behandeln.

- Dinge sofort erledigen.

- Ihr erzählen, was alles so passiert.

- In wichtigen Augenblicken bei ihr sein (Krankheit, Schwangerschaft).

- Selbst an wichtige Anlässe denken (Geburtstag, Hochzeitstag).

- Kompromisse finden.

- Den Wert und die Bedeutung ihrer Arbeit anerkennen und nicht abwerten.

- Ihr genügend Zeit einräumen (im Bad und beim Bummeln).

- Die Partnerin als Beraterin sehen.

- Rücksicht nehmen auf ihre Wünsche.

- Entscheidungen gemeinsam treffen – nicht übergehen.

- Wünsche akzeptieren und erfüllen.

- Leise sein, wenn sie schläft.

- Manieren, Höflichkeit, gute Umgangsformen.

Was könnten Sie ihr sagen, um ihr zu zeigen, dass Sie ihre Wünsche und Bedürfnisse respektieren?

- Bitte/danke

- Was möchtest du?

- Es tut mir leid, dass …

- Deine Meinung ist mir sehr wichtig.

- Was hältst du davon?

- Was würde dir Freude bereiten?

- Es ist unglaublich, wie du das alles schaffst!

- Wie kann ich dich unterstützen?

- Ohne dich hätte ich das alles nicht geschafft!

Übung: Respekt zollen

Was könnten Sie sagen oder tun? Was werden Sie sagen und tun?

. . . .

. . . .

. . . .

. . . .

. . . .

Liebesbekundungen

Ihre Partnerin ist kein Kaktus, sondern eine äußerst empfindsame Pflanze, die sehr viel Pflege braucht und zwar täglich. Je mehr sie tut und je mehr sie durch ihre alltäglichen Aufgaben beansprucht wird, umso mehr Liebesbekundungen braucht sie.

Das Geheimnis der Liebe

All die netten Dinge, die Sie ihr sagen und die Sie für sie tun, sind schon nach wenigen Tagen – spätestens jedoch nach einer Woche – aufgebraucht. Anders gesagt: Ihre Pluspunkte lösen sich nach spätestens einer Woche in Luft auf! Füllen Sie deshalb Ihre Beziehungskasse stets durch kleine Nettigkeiten auf. Wann haben Sie beispielsweise Ihrer Partnerin zum letzten Mal gesagt, dass Sie sie lieben?

Wichtig: Frauen vertragen keine Kritik an ihrem Äußeren, ganz besonders, was ihre Figur betrifft. Nicht ohne Grund lautet eine sehr häufig gestellte Fangfrage: „Liebling, findest du mich zu dick?"

Es gibt kaum eine Frau, die mit ihrem Äußeren zufrieden ist. Hier herrscht eine unglaublich große Unsicherheit, und ständig versucht sie herauszufinden, ob er sie noch anziehend findet. Manche Männer sagen dann: „Natürlich finde ich dich gut. Hätte ich dich sonst geheiratet?" Glauben Sie mir, dass die Belohnung für diesen Spruch nicht das sein wird, wovon Sie geträumt haben. Daher sollten Sie ihr so häufig wie möglich versichern, wie hübsch, schön, sexy, begehrenswert und aufregend Sie sie finden – und zwar nicht nur dann, wenn Sie gerade auf dem Weg ins Schlafzimmer sind!

Prüfen Sie sich selbst

- Hatten Sie schon einmal das Gefühl, zu viele Komplimente zu bekommen?

  . . . .

  . . . .

  . . . .

- Welches war das letzte Kompliment, das Sie gemacht haben/bekommen haben?

  . . . .

  . . . .

  . . . .

Folgende Fragen stelle ich immer meinen Seminarteilnehmern. Hier eine kurze Zusammenfassung ihrer Antworten.

Was könnten Sie sagen, um ihr das Gefühl zu geben, dass Sie sie lieben?

- Ich liebe dich.

- Ich liebe dich, weil …

- Ich begehre dich.

- Du bist meine Traumfrau.

- Danke, dass du zu mir hältst.

- Guten Morgen, Sonnenschein.

- Du bist die schönste Frau auf der ganzen Welt.

- Du hast mich zum glücklichsten Mann der Welt gemacht.

- Mein Vulkan.

- Du bist so sexy, ich begehre dich noch mehr als am Anfang.

- Dein Körper ist wunderschön – genau, wie ich es mir immer gewünscht habe.

- Du hast so schöne Augen, Füße, Hände …

- Du hast die schönsten Beine.

- Du bist die Sonne meines Lebens.

Was könnten Sie tun oder unterlassen, um ihr das Gefühl zu geben, dass Sie sie lieben?

- Kleine Liebesbotschaften.

- Blumen mitbringen.

- Kleine Geschenke machen.

- Kurzwochenende arrangieren.

- Ein schönes Foto von ihr in der Brieftasche oder auf dem Schreibtisch.

Das Geheimnis der Liebe

- Veränderungen wahrnehmen.

- Sie wie am Anfang anschauen.

- Zärtlichkeiten nicht vergessen – auch in der Öffentlichkeit.

- Nicht mit anderen flirten und nicht ungeniert „glotzen".

- Sie immer mal in den Mittelpunkt stellen.

- Liebevolle Begrüßung am Abend.

- Gemeinsam etwas unternehmen.

- Nicht das Äußere kritisieren.

- Nach dem Sex sagen, wie toll sie war!

- Unvergessliche Erlebnisse schaffen.

- Überraschungen machen.

- Komplimente machen.

- Essen gehen.

- Frau bekochen – und Küche aufräumen.

Wichtig: Tun Sie täglich etwas Kleines und machen Sie daraus eine neue positive Gewohnheit.

Übung: Liebesbekundungen

Wie können Sie ihr zu verstehen geben, dass sie Ihre Traumfrau ist?

. . . .

. . . .

. . . .

. . . .

. . . .

Vielleicht wird es Ihnen gerade besonders schwer fallen, ihr noch deutlicher zu zeigen, dass Sie sie lieben, und vielleicht kommen Ihnen viele Aussagen auch übertrieben vor. Bedenken Sie bitte eines: Es ist eine der Hauptbeschwerden der Frauen, dass ihnen ihr Partner nicht genug zeigt, wie sehr er sie liebt!

Prüfen Sie sich selbst

- Was muss passieren, damit Sie sich so richtig geliebt fühlen?

  . . . .

  . . . .

  . . . .

- Welche drei Bedürfnisse sind bei Ihnen am stärksten ausgeprägt? Bitte sortieren Sie diese in der Reihenfolge ihrer Wichtigkeit:

  . . . .

  . . . .

  . . . .

- Was könnten Sie tun, um diese Bedürfnisse erfüllt zu bekommen?

  . . . .

  . . . .

  . . . .

- Was werden Sie tun, um diese Bedürfnisse erfüllt zu bekommen?

  . . . .

  . . . .

  . . . .

Das Geheimnis der Liebe

- Sind Sie bereit, die Bedürfnisse Ihres Partners/Ihrer Partnerin zu erfüllen?

  Ja ☐   Nein ☐

- Auch dann oder gerade dann, wenn es Ihnen nicht so leicht fällt – und zwar dem Partner zuliebe?

  Ja ☐   Nein ☐

- Welche drei Bedürfnisse sind bei Ihrem Partner am stärksten ausgeprägt? Bitte sortieren Sie diese in der Reihenfolge ihrer Wichtigkeit:

  . . . .

  . . . .

  . . . .

- Was könnten Sie tun, um ihm/ihr diese Bedürfnisse zu erfüllen?

  . . . .

  . . . .

  . . . .

- Was werden Sie tun, um ihm/ihr diese Bedürfnisse zu erfüllen?

  . . . .

  . . . .

  . . . .

- Welchen Vorteil habe ich davon, wenn ich meinem Partner gebe, was er/sie braucht?

  . . . .

  . . . .

  . . . .

Was ist für Sie wertvoll?

Wissen ist nur Macht, wenn Sie dieses Wissen erfolgreich nutzen. Schreiben Sie die drei Gedanken – Ihre drei Diamanten – der vorangegangenen Seiten auf, die Ihnen persönlich wichtig sind:

- ....

- ....

- ....

Die Last mit der Lust oder ein Feuerwerk der Leidenschaft?

Befragt man Männer und Frauen, was sie in ihren Beziehungen vermissen, so wünschen sich die Männer häufig mehr Sex, während sich die Frauen nach mehr Gesprächen und Zärtlichkeiten sehnen. Zunächst sieht es so aus, als hätten beide völlig unterschiedliche Wünsche, doch die Motive, die hinter diesen Wünschen stehen, sind identisch: Beide sehnen sich nach mehr Intimität und Nähe! Beide sehnen sich nach dem Gefühl, geliebt zu werden.

Es wird Sie nicht verwundern, dass auch hier von den Geschlechtern unterschiedliche Wege eingeschlagen werden: Er versucht, emotionale Nähe durch Sex herzustellen, also durch eine Handlung; während sie Nähe im gemeinsamen Gespräch, durch das Teilen und Mitteilen von Gedanken und Gefühlen, erlebt.

Vielleicht haben auch Sie schon einmal Folgendes erlebt: Er ist für zwei Wochen auf einer Geschäftsreise; sie ist allein zu Hause. Beide vermissen einander und telefonieren jeden Abend miteinander. Meist sind die Gespräche sehr kurz, denn schnell ist das Wesentliche gesagt und er mag keine teuren Endlosgespräche führen. In den zwei Wochen wird die Sehnsucht immer größer, und als der Tag des Wiedersehens kommt, wollen beide so schnell wie möglich die Nähe des anderen fühlen und spüren. Kaum hat er die Wohnung betreten, möchte er sie am liebsten sofort verführen. Sie ist völlig überrascht und sagt: „Ist das alles, was du willst? Willst du denn gar nicht wissen, wie es mir geht?" Große Enttäuschung auf beiden Seiten, denn sie hatte sich so auf ihn gefreut und wollte erst einmal in aller Ruhe mit ihm reden und ihn fragen, was er alles erlebt hat und ob er sie vermisst hat; vor allem möchte sie auch gefragt werden, was sie in den zwei Wochen erlebt hat und ob sie ohne ihn sehr einsam war! Auf diese Konversation hat sie sich nämlich schon die ganze Zeit gefreut! Dieses Gefühl der Vertrautheit (= Nähe) wollte sie so schnell wie möglich wieder haben, wieder erleben. Erst dann würde in ihr das Bedürfnis nach körperlicher Nähe und Vereinigung erwachen. Er sehnt sich natürlich auch nach Nähe und Vertrautheit, doch fühlt er sich seiner Liebsten am nächsten, wenn er mit ihr ins Bett geht. Nicht selten eskaliert dann die Situation: Er fühlt sich zurückgewiesen – sie fühlt sich unverstanden.

Lust auf Intimität und Romantik?

Lernen Sie Ihren Weg und den des Partners besser kennen, dann können Sie sich schmerzhafte Erfahrungen ersparen.

Es gibt zwei Wege, um Nähe, Intimität und Vertrautheit herzustellen: Sex und Romantik. Er bevorzugt den direkten Weg, während sie den „Umweg" einschlägt. Meist ist es so, dass er erst Sex will und danach offen ist für Romantik, während sie erst ihr Bedürfnis nach Romantik stillen muss, um für Sex offen zu sein. Hier liegt die Lösung in der Bereitschaft, aufeinander zuzugehen und dem anderen nichts Böses zu unterstellen. Beide Wege haben ihre Berechtigung, daher ist es sinnvoll, beide zu nutzen: Mal so und mal so.

Er kennt im Übrigen noch einen dritten Weg, um Nähe herzustellen: bloße (schweigsame) Anwesenheit! Er glaubt, dass seine körperliche Anwesenheit ihr schon signalisieren müsste, wie wichtig sie ihm ist und wie sehr er sie liebt!

Warum sind Sex und Romantik für Männer und Frauen so wichtig?

Hat eine Frau offensichtlich Freude am Liebesspiel, so befriedigt sie auf einen Streich die vier emotionalen Bedürfnisse ihres Partners: Er spürt in diesem Augenblick, dass sie ihm vertraut und ihn akzeptiert. Ihr Ausdruck von Freude und Lust sind für ihn Anerkennung und Bewunderung zugleich: Er fühlt sich wie ihr Held – wie ein strahlender Sieger. In diesen Momenten fühlt er sich sehr geliebt! Vielleicht mag er das Wort „Held" nicht, er wird aber süchtig nach dem Gefühl, das sich einstellt, wenn Sie ihn spüren lassen, dass er der Beste ist. Gleichzeitig bekommt er noch das Gefühl, ein toller Kerl zu sein, denn er hat es geschafft, seine Frau glücklich zu machen.

Frauen dagegen brauchen zuerst einmal das Gefühl, dass sie für diesen Mann etwas empfinden und dass sie für ihn etwas Besonderes sind. Aus ihrer Sicht können sie das am besten feststellen, wenn er sich die Zeit nimmt, sich mit ihr auszutauschen. Dieses Gefühl bekommt sie, wenn er ihre emotionalen Bedürfnisse erfüllt; wenn er sich um sie kümmert, sich für sie interessiert, sich rücksichtsvoll verhält und ihr einfach das Gefühl gibt, dass er sie liebt.

Wichtig: Die Menschen wollen sich geliebt fühlen! Geliebt fühlen sie sich, wenn ihre emotionalen Bedürfnisse erfüllt werden.

Tipps für Männer

Meine Herren, vielleicht haben Sie sich auch schon oft gewundert, dass Ihre Frau immer weniger Interesse am Sex hat. Wenn dem so ist, dann sollten Sie zunächst einmal genau überlegen, ob Sie die emotionalen Bedürfnisse Ihrer Partnerin erfüllen. Es gibt eine Vielzahl von guten Gründen, warum Frauen die Lust vergeht, und Sie sollten sich selbst die folgenden Fragen beantworten:

- Habe ich mich in den letzten Tagen um ihre emotionalen Bedürfnisse gekümmert?
- Ist sie sehr eingespannt? Wenn ja, habe ich ihr in irgendeiner Form schon geholfen?

- Habe ich darauf geachtet, mich körperlich optimal zu pflegen?

- Habe ich sie täglich mehrfach zärtlich berührt oder geküsst?

- Gebe ich ihr genug Zeit und Zärtlichkeit, um „warm" zu werden?

Achtung: Sollte Ihre Partnerin langfristig unter Lustlosigkeit leiden, so kann dies natürlich vielfältige Ursachen haben, die auf jeden Fall medizinisch überprüft werden sollten – und zwar sehr gründlich. Für die Lust der Frau ist nämlich, wie beim Mann auch, das Hormon Testosteron ein wichtiger Faktor. Es ist im Klimakterium sinnvoll, dass den Frauen Östrogenpräparate verschrieben werden; jedoch nur sehr selten beachten die Ärzte, ob auch die Testosteronwerte in Ordnung sind. Eine Überprüfung lohnt sich auf jeden Fall. Es ist inzwischen auch bekannt, dass eine Vielzahl von Medikamenten die Libido nachhaltig beeinträchtigen (Antibabypille, Antidepressiva, Beruhigungs- und Schlafmittel, Antihistamine, Blutdrucksenker usw.). Natürlich sollten alle Lebensbereiche berücksichtigt werden. Sollte eine Frau beispielsweise unter Dauerstress oder ununterbrochener Überbelastung leiden, so ist es kein Wunder, wenn die Lust auf Sex so allmählich verschwindet.

Praxis-Tipp:

Geben Sie ihr Romantik! Erfüllen Sie ihre emotionalen Bedürfnisse und geben Sie ihr das Gefühl, eine tolle und begehrenswerte Frau zu sein. Schenken Sie ihr mehr Aufmerksamkeit und stellen Sie sie immer wieder in den Mittelpunkt. Dies ist auch der Grund dafür, warum Frauen so gern Essen gehen. Dann haben sie endlich ihren Mann für sich ganz allein und genießen seine volle Aufmerksamkeit. Optimal ist ein Verabredungsabend: Vielleicht sind Sie ja bereit, sich einmal pro Woche, am besten immer am gleichen Wochentag mit Ihrer Partnerin zu verabreden. Es tut auch einer Ehe sehr gut, wenn sich beide immer ein wenig „unverheiratet" verhalten.

Prüfen Sie sich selbst

■ Was ist das Romantischste, was Sie jemals getan haben?

. . . .

. . . .

. . . .

■ Wann waren Sie zum letzten Mal so richtig romantisch?

. . . .

. . . .

. . . .

■ Was könnten Sie tun, um ihr das Gefühl zu geben, etwas ganz Besonderes zu sein?

. . . .

. . . .

. . . .

Füllen Sie mit vielen kleinen Einzahlungen Ihre Beziehungskasse immer wieder auf. Ganz wichtig sind hier besonders die Gesten der Zuneigung sowie alle körperlichen Streicheleinheiten!

Diese kleinen Aufmerksamkeiten können Sie planen. Vielleicht tragen Sie sie sogar in Ihrem Kalender ein. Jetzt sagen Sie sich vielleicht, dass dies nicht besonders spontan oder romantisch ist? Macht nichts, das Einzige, was zählt, ist, dass Sie es tun.

Übung: Dem Partner eine Freude bereiten

Womit könnte ich meiner Herzdame in den nächsten zehn Tagen eine Freude bereiten?

- . . . .
- . . . .
- . . . .
- . . . .
- . . . .
- . . . .
- . . . .
- . . . .
- . . . .
- . . . .

Sind Sie wirklich bereit, mehr Leidenschaft in Ihr Liebesleben zu bringen? Wenn ja, dann sollten Sie sich folgende neue Gewohnheit zu Eigen machen: Immer wenn Sie Ihre Partnerin für mehrere Stunden nicht gesehen haben, werden Sie ihr einen Kuss geben! Ich meine nicht ein Küsschen, sondern einen richtigen Kuss, der mindestens zehn Sekunden dauert! Denn ein Kuss ist eine der intimsten Handlungen zwischen zwei Menschen und die direkteste Verbindung zum Herzen – ganz abgesehen davon, dass Küssen gesund ist und Glückshormone freisetzt!

Dr. Ellen Kreidman hat diese Zehn-Sekunden-Kuss-Technik mit großer Begeisterung in den USA verbreitet und damit einen fantastischen Weg aufgezeigt, das Feuer der Leidenschaft erneut zu entfachen.

Prüfen Sie sich selbst

- Wann haben Sie Ihre Partnerin das letzte Mal so richtig geküsst?

  . . . .

  . . . .

  . . . .

- Wie häufig küssen Sie Ihre Partnerin?

  . . . .

  . . . .

  . . . .

Stimme und Ton sind das Liebesreizmittel für das Gehör. Es ist bekannt, dass der Tonfall und gewisse Worte die Erregung steigern. Frauen werden durch Worte motiviert und animiert. Geben Sie ihr sehr deutlich durch Worte zu verstehen, wie sehr sie Ihnen gefällt, und zwar vorher, währenddessen und hinterher!

Beispiel: ─────────────────────────────

Du bist so hübsch, aufregend,… Du fühlst dich so gut an … Du machst mich verrückt usw.

Geben Sie ihr möglichst viel hörbares Feedback, damit sie weiß, dass Sie mit ihr, ihrem Körper und ihrem Liebesspiel zufrieden sind – das wird sie ermutigen und zu mehr inspirieren. Die meisten Frauen sind sehr unsicher und meist viel zu kritisch, besonders was ihren Körper betrifft. Nur wenn Sie ihr das Gefühl vermitteln, dass Sie ihren Körper so begehren, wie er ist, werden Sie das Feuer der Leidenschaft in ihr entfachen.

Das Geheimnis der Liebe

Denken Sie auch daran, dass eine Frau Abwechslung mag. Sie müssen nicht jedes Mal eine „große Inszenierung" veranstalten, jedoch ist es empfehlenswert, sich mindestens ein- bis zweimal im Monat sehr viel Zeit zu nehmen.

Finden Sie Ihr Liebesleben sehr langweilig? Haben Sie auch schon darüber nachgedacht, dass Sie vielleicht langweilig sind? Wenn Sie sich langweilen, dann müssen Sie etwas ändern, dann sollten Sie den Mut aufbringen, etwas anderes auszuprobieren, etwas Überraschendes zu tun! Manchmal genügen schon kleinste Veränderungen, wie ein Liebeswochenende.

Übung: **Liebesüberraschungen für Ihre Partnerin**

Welche schönen, neuen Erlebnisse könnten Sie gestalten? Listen Sie mindestens fünf Ideen auf:

. . . .

. . . .

. . . .

. . . .

. . . .

Tipps für Frauen

Liebe Leserin, er liebt es, von Ihnen begehrt zu werden, und er sucht bei jeder Gelegenheit Ihre Nähe. Glauben Sie, dass er Ihnen nur allzu gern Ihre Wünsche erfüllt, wenn Sie ihm von Herzen seine emotionalen Bedürfnisse erfüllen! Das heißt nicht, dass Sie auf Ihre Bedürfnisse verzichten sollen, doch gehen auch Sie immer wieder auf ihn zu. Die meisten Männer fänden es ganz toll, wenn ihre Partnerin häufiger die Initiative ergreifen würde.

Viele Frauen sind aber so eingestellt, dass sie warten, bis sie in Stimmung sind. Aber Appetit kommt beim Essen. Dies trifft auch auf die Lust und Leidenschaft zu, deshalb ist es oft sinnvoller, einfach anzufangen und darauf zu vertrauen, dass sich das Feuer der Leidenschaft entzündet. Manchmal bleibt es ein kleines warmes Flämmchen, manchmal wird daraus ein gewaltiges Feuer oder ein Vulkan. Auf jeden Fall sind sie einander näher gekommen und haben die Chance nicht versäumt.

Viele Frauen sind enttäuscht und erschöpft, weil sie tagein, tagaus versuchen, ihrem Partner eine perfekte Frau zu sein. Sie nehmen ihm alles Mögliche ab, räumen ihm hinterher und stehen viele Stunden in der Küche.

Glauben Sie wirklich, dass Ihr Mann Sie geheiratet hat, weil Sie eine perfekte Hausfrau sind? Sie müssen sich entscheiden, ob Sie seine Geliebte oder seine perfekte Hausfrau sein wollen. Sie sind für Ihren Partner so lange attraktiv, so lange er erkennen kann, dass er Sie glücklich machen kann. Nur wenn er sich in Ihrer Beziehung erfolgreich und wohl fühlt, wird er Ihre Wünsche von ganzem Herzen erfüllen.

Wichtig: Begehrt eine Frau ihren Partner und hat sie mit ihm Freude im Bett wie im Alltag, dann wird er sein Glück sicherlich nicht woanders suchen.

Praxis-Tipp:

Sehen Sie Ihrem Partner tief in die Augen und sagen Sie ihm, dass er ein wunderbarer Liebhaber ist und dass Sie sich unendlich nach leidenschaftlichem und erregendem Sex mit ihm sehnen. Ich schwöre Ihnen, das wirkt Wunder! Vergessen Sie niemals, mit ihm zu flirten; auch nicht, wenn Sie schon über 70 Jahre alt sind. Je positiver und fröhlicher Sie sind und je mehr Freude Sie am Liebesspiel haben, umso besser wird Ihre Beziehung sein!

Geben Sie ihm niemals das Gefühl, dass Sex für Sie eine lästige Pflicht ist. Finden Sie lieber heraus, wie Sie es gerne hätten. Verraten Sie ihm lieber, wie er Ihnen himmlische Orgasmen schenken kann, denn es motiviert ihn sehr, wenn Sie ihm sagen, was Sie mögen.

Hüten Sie sich davor, Sex mit Liebe zu verwechseln, denn hierin besteht ein gewaltiger Unterschied. Beim Sex geht es um die bloße körperliche Befriedigung, während es beim Akt der Liebe um die Verschmelzung zweier Seelen geht. Sex ist in der Tat nichts Verwerfliches oder Schlechtes, doch er wird und ist viel aufregender, wenn man den Partner von ganzem Herzen liebt.

Lassen Sie Ihr Liebesleben nicht schleifen, denn sonst werden Sie nicht ungestraft davonkommen! Auch wenn es Ihnen schwer fällt, sollten Sie ihm sagen oder zeigen, was Ihnen besonders gut tut und gefällt. Erwarten Sie nicht, dass er weiß, wie Sie empfinden. Helfen Sie ihm, erfolgreich zu sein!

Praxis-Tipp:

Schenken Sie ihm Sex. Männer lieben Sex. Wie könnten Sie ihn noch glücklicher machen? Indem Sie ihm deutlich zeigen, dass Sie ihn begehren und das Liebesspiel genießen.

Männer sind „Augentiere", das heißt, sie lassen sich davon stimulieren, was sie sehen! Finden Sie deshalb heraus, welche Kleidung ihm an Ihnen gefällt, und ziehen Sie sie an! Folgender Vergleich ist passend: Wenn Sie Fische fangen wollen, dann müssen Sie auch etwas an die Angel hängen, was Fische mögen. „Liebestöter" sollten Sie deshalb aus Ihrem Wäscheschrank verbannen. Sicherlich wird er Ihnen bei der Auswahl neuer Wäsche gerne behilflich sein. Bleiben Sie unbedingt der Augenschmaus, in den er sich verliebt hat, und lassen Sie sich nicht zu sehr gehen. Es geht nicht darum, dass Sie immer perfekt aussehen müssen, sondern darum, dass er was zum Schauen hat und Sie sich begehrt fühlen.

Haben Sie sich schon entschieden, welche Rolle Sie in Ihrer Beziehung spielen wollen? Ich hoffe, dass Sie nicht seine „Mutter" spielen, denn dann wird die Leidenschaft schon bald verschwinden. Hören Sie auf, ihm alles abzunehmen, und werden Sie eine Meisterin in der Kunst, Männer zu motivieren.

Geben Sie ihm liebevoll Ihre Wünsche vor, lassen Sie ihn einfach Mann sein. Gerade die Unterschiedlichkeit zwischen den Geschlechtern erzeugt die Leidenschaft. Sollten Sie ihn zu viel kritisieren, dann kann es passieren, dass er so bequem wird, dass ihm selbst das Liebesspiel zu anstrengend wird oder er Sie im Stillen durch seine Lustlosigkeit straft. Sollten Sie ihn zu oft zurückweisen, so ist es möglich, dass er entmutigt aufgibt. Und vor lauter Furcht, einen weiteren schmerzhaften Korb zu bekommen, unterlässt er jeden weiteren Anlauf. Seien Sie ihm lieber eine gute Freundin und sein größter Fan, denn damit erreichen Sie weitaus mehr.

Stärken Sie Ihr Selbstvertrauen!

Je selbstbewusster Sie sind, umso mehr mögen Sie sich und andere. Eine Frau muss nicht aussehen wie ein Superstar, um geliebt zu werden. Es ist jedoch viel leichter, einen Menschen zu lieben und mit einem Menschen zu leben, der sich selbst mag. Je mehr Sie sich selbst mögen, umso attraktiver wirken Sie auch auf das andere Geschlecht!

Bitte verwechseln Sie nicht gespieltes bzw. aufgesetztes Selbstbewusstsein mit einem positiven Selbstwertgefühl. Es geht darum, dass Sie sich mögen. In seinen Augen werden Sie umso aufregender und attraktiver, je mehr Sie mit sich zufrieden sind – Fehler inbegriffen!

Natürlich spürt ein Mann im Bett sehr genau, ob seine Partnerin ihren Körper mag oder sich dafür schämt. Gehen Sie davon aus, dass er Sie aufregend findet – und zwar genau so, wie Sie sind, und dass er Sie noch aufregender findet, wenn Sie sich völlig gehen lassen und genießen können! Das ist für ihn viel wichtiger als ein perfekter Körper. Je mehr Sie für Ihre positive Ausstrahlung tun, umso mehr Erfolg werden Sie haben – auf allen Gebieten. Denn Liebe, Lust und Leidenschaft sind das Ergebnis eines positiven Selbstwertgefühls – nicht die Ursache!

Was ist für Sie wertvoll?

Wissen ist nur Macht, wenn Sie dieses Wissen erfolgreich nutzen. Schreiben Sie die drei Gedanken – Ihre drei Diamanten – der vorangegangenen Seiten auf, die Ihnen persönlich wichtig sind:

- ....

- ....

- ....

Danke

Dieses Buch wäre ohne die Hilfe einiger außergewöhnlicher Persönlichkeiten nicht entstanden.

Zu Beginn meiner beruflichen Karriere waren es wertvolle Menschen, die Vertrauen in mich setzten und mich ermutigten, ins kalte Wasser zu springen. Dazu gehören vor allem mein Vater Nikolaus B. Enkelmann, der sich immer wieder die Zeit genommen hat, mir zu helfen, um meine Gedanken und mein Wissen zu sortieren.

Ganz wichtig war auch die wegweisende Unterstützung von Günter Butter aus Mannheim, der auf mein Können vertraute und dem ich mein erstes Seminar verdanke. Immer wieder hat er mich unterstützt und unzählige Türen für mich geöffnet. Günter Butter ist ein ganz außergewöhnlicher Mann; zahlreichen Menschen hat er geholfen, sehr erfolgreich zu werden. Danken möchte ich auch Rolf H. Ruhleder, der mich ermutigte, an die Öffentlichkeit zu treten, sowie Brian Tracy, der mich in seiner großzügigen Art motivierte, eine noch bessere Trainerin zu werden.

All diese großartigen Menschen haben mich stets ermutigt und an mich geglaubt – von Anfang an und voller Begeisterung. Sie haben mir zudem gezeigt, dass sie ihr Wissen vor allem auch selbst im Alltag konsequent umsetzen.

Mein Dank gilt auch der Familie Pohl und der DVAG, die mir die Möglichkeit gegeben haben, mein Wissen mit so vielen Menschen zu teilen. Die Deutsche Vermögensberatung AG ist wohl die einzige Firma in Deutschland, die begriffen hat, dass man beruflichen und privaten Erfolg nicht voneinander trennen kann! So gibt sie ihren über 30 000 Mitarbeitern die Möglichkeit, ihre Zukunft und ihre Partnerschaft positiv zu gestalten.

Mein aufrichtiger Dank gilt auch Frau Dr. Elisabeth Lukas, von der ich so viel über die Menschen und die sinnzentrierte Logotherapie lernen konnte. Schließlich danke ich all den „Liebes-Experten" aus den USA (Michele W. Davis, John Gray, Ellen Kreidman ...), von deren Wissen und Erfahrungen ich sehr profitieren konnte. Im gemeinsamen Austausch und in den persönlichen Gesprächen entstand die Basis für dieses Training. Danke auch an Dekan Axel-Maria Kraus, der es sich nicht hat nehmen lassen, mich regelmäßig anzuspornen und zu unterstützen.

Natürlich danke ich auch den vielen Teilnehmern meiner Seminare, die mich regelrecht bedrängten, dieses Buch zu schreiben.

Ich empfinde es als großes Glück, immer wieder auf Menschen gestoßen zu sein, die mir geholfen haben. Gertrud Warnecke ist eine davon. Sie war es, die mir half, den Text in eine populäre verständliche Form zu bringen. Mit großem Engagement hat sie die Umsetzung dieses Buchprojektes erst möglich gemacht.

Mein persönlichster und innigster Dank gilt meinem Königstiger. Seine große Liebe und unermüdliche Unterstützung gaben mir die Kraft sowie den Mut, dieses Buch zu schreiben. Er verstand es wie kein anderer, mich immer wieder zu motivieren. Bereitwillig stellte er sich als „Versuchskaninchen" zur Verfügung und freute sich mit mir über unsere gemeinsamen Erfolge. Lachend wollen wir gemeinsam in eine schöne Zukunft gehen und alles tun, damit unsere Liebe bleibt – denn Liebe macht erfolgreich!

Ihre *Claudia E. Enkelmann*

Enkelmann-Institut für Rhetorik, Management, Zukunftsgestaltung
Altkönigstraße 38c
D–61462 Königstein/Taunus
Tel.: 0 61 74/39 80 und 93 03 83
Fax: 0 61 74/2 43 79
Internet: www.enkelmann.de

Literaturhinweise

Blum, Deborah: Sex on the Brain, Penguin Group, New York

Birkenbihl, Vera F.: Der Birkenbihl Power-Tag, mvg-Verlag, Landsberg/Lech

Buss, David M.: Die Evolution des Begehrens – Geheimnisse der Partnerwahl, Goldmann, München

Covey, Stephen R.: The 7 Habits of Highly Effective Families, Western Publishing Company, Los Angeles

Chandler, Steve: 35 Ways to Create Great Relationships, Highbridge Audio, New York

de Angelis, Barbara: Secrets About Men Every Woman Should Know, Dell Publishing, New York

de Angelis, Barbara: Are you the One for me?, Dell Publishing, New York

Eibl-Eibesfeldt, Irenäus: Die Biologie des menschlichen Verhaltens, Seehamer Verlag, Weyarn

Enkelmann, Claudia E.: Die Venus-Strategie – ein unwiderstehlicher Karriereratgeber für Frauen, Wirtschaftsverlag Ueberreuter, Wien/Frankfurt [Main]

Enkelmann, Nikolaus B.: Charisma, mvg-Verlag, Landsberg/Lech

Enkelmann, Nikolaus B.: Die Macht der Motivation, Goldmann, München

Enkelmann, Nikolaus B.: Mit Freude erfolgreich sein, mvg-Verlag, Landsberg/Lech

Enkelmann, Nikolaus B.: Mit Freude leben, mvg-Verlag, Landsberg/Lech

Enkelmann, Nikolaus B.: Power der Verkaufs-Rhetorik, Gabler, Wiesbaden

Enkelmann, Nikolaus B.: Erfolgsprinzipien der Optimisten, Gabal, Offenbach

Enkelmann, Nikolaus B.: Das Power-Buch für mehr Erfolg, mvg-Verlag, Landsberg/Lech

Enkelmann, Nikolaus B.: Mental-Training – Der Weg zur Freiheit, Gabal, Offenbach

Enkelmann, Nikolaus B./Rückerl, Thomas: Mit Vertrauen gewinnen, Walhalla Fachverlag, Regensburg

Fellner, Uschi: Die Zukunftsfrau, Verlag Orac im Verlag Kremayr & Scheriau, Wien

Franck, Roland: Winning! Wie Sieger Finanzdienstleistungen verkaufen, mi-Verlag, Landsberg/Lech

Frankl, Viktor E.: Das Leiden am sinnlosen Leben, Herder Verlag, Freiburg i.Br.

Frankl, Viktor E.: Der Mensch vor der Frage nach dem Sinn, Piper Verlag, München

Frankl, Viktor E.: Ärztliche Seelsorge, Franz Deuticke, Wien

Frankl, Viktor E.: … trotzdem Ja zum Leben sagen, Deutscher Taschenbuch Verlag, München

Fromm, Erich: Die Kunst des Liebens, Ullstein Buch, Berlin

Glass, Lillian: He says, She says, Perigee Books, New York

Gottman, John: The Seven Principles for Making Marriage Work, Crown Publishers, New York

Gray, John: What your Mother Couldn't Tell you & your Father didn't Know, Harper Collins Publishers, New York

Gray, John: Mars, Venus und Eros, Goldmann, München

Gray, John: Mars sucht Venus. Venus sucht Mars., Goldmann, München

Gray, John: Männer sind anders, Frauen auch., Goldmann, München

Gross, Günter F.: Beruflich Profi, privat Amateur?, mvg-Verlag, Landsberg/Lech

Literaturhinweise

Hales, Dianne: Just Like a Woman, Bantam Books, New York

Hayden, Naura: Wie man eine Frau befriedigt, Wilhelm Heyne, München

Höhler, Gertrud/Koch, Michael: Der veruntreute Sündenfall: EntZweiung oder neues Bündnis?, Deutsche Verlags-Anstalt, Stuttgart

Kreidman, Ellen: Light Her Fire, Mega-Systems-Int., Morton Grove

Kreidman, Ellen: Light His Fire, Mega-Systems-Int., Morton Grove

Köhler, Hans-Uwe L.: LoveSelling, Metropolitan, Düsseldorf/Regensburg

Lang, Franz: Was mein Leben wertvoll macht, Metropolitan, Düsseldorf/Regensburg

Lukas, Elisabeth: Psychotherapie in Würde, Quintessenz-Verlag, Berlin/München

Lukas, Elisabeth: Psychologische Vorsorge, Herder Verlag, Freiburg i.Br.

Lukas, Elisabeth: In der Trauer lebt die Liebe weiter, Kösel-Verlag, München

Mackay, Harvey: Suche dir Freunde, bevor du sie brauchst, Econ Verlag, München

Moir, Anne/Jessel, David: Brain Sex, Dell Publishing, New York

Neumann, Ursula: Wenn die Kinder klein sind, gib ihnen Wurzeln, wenn sie groß sind, gib ihnen Flügel, Kösel-Verlag, München

Popcorn, Faith: Clicking, Wilhelm Heyne, München

Riedl, Sabina/Schweder, Barbara: Der kleine Unterschied, Deuticke, Wien

Ruhleder, Rolf H.: Rhetorik, Kinesik, Dialektik, Norman Rentrop, Bonn

Seligman, Martin: Pessimisten küßt man nicht, Droemer Knaur, München

Schuller, Arvella: THE POSITIVE FAMILY, Doubleday-Galilee

Schuller, Robert: Erfolg kennt keine Grenzen – Fehlschläge sind niemals endgültig. Die Kunst des konstruktiven Denkens als Basis für den ganzheitlichen Lebenserfolg, mvg-Verlag, München/Landsberg/Lech

Schuller, Robert: Es gibt eine Lösung für jedes Problem: Wie man erst recht nicht aufgibt, mvg-Verlag, Landsberg/Lech

Schuller, Robert: Dynamisches Familienleben, Francke, Marburg a. d. Lahn

Schuller, Robert: Your Positive Plan for Love & Happiness: How to Experience the Positive Attitudes That Will Transform Your Life, Budget Book Service

Tanenbaum, Joe: Mann und Frau oder der große Unterschied, Diana Verlag, Zürich

Tannen, Deborah: Das hab' ich nicht gesagt!, Ernst Kabel Verlag, Hamburg

Tannen, Deborah: Du kannst mich einfach nicht verstehen, Ernst Kabel Verlag, Hamburg

Tracy, Brian: Personal Leadership/Audio-Training, Tracy College AG, Baden/Schweiz

Tracy, Brian: Thinking Big, Gabler, Wiesbaden

Tracy, Brian/Scheelen, Frank M.: Personal Leadership – So wird Spitzenleistung möglich, mvg-Verlag, Landsberg/Lech

Waite, Linda J.: The Case for Marriage: Why Married People Are Happier, Healthier, and Better Off Financially, Doubleday Books

Weiner-Davis, Michele: Das Scheidungs-Vermeidungs-Programm, Goldmann, München

Weiner-Davis, Michele: Jetzt ändere ich meinen Mann: Wie Sie ihn umkrempeln, ohne dass er es merkt, TRIAS, Stuttgart

Weiner-Davis, Michele: Divorce Remedy. The Proven 7-Step-Program for Saving Your Marriage, Simon & Schuster Books, New York

Ziglar, Zig: Wir lieben uns, obwohl wir verheiratet sind, Verlag der St. Johannis Druckerei, Lahr-Dinglingen

Schnell nachschlagen

Schnell nachschlagen

Notizen

Notizen

Notizen

Notizen

Notizen

Notizen

Notizen

Notizen

Notizen

Notizen

Notizen

Notizen

Notizen

Notizen

Notizen

Notizen

Notizen

Notizen

Notizen

Seminare mit
Dr. Claudia E. Enkelmann

Erfolgsstrategien, Selbstvertrauen & Rhetorik für Frauen
Frauen auf ihrem Weg nach oben – Das 2,5-tägige weibliche Intensiv-Seminar
Stärkung des Selbstbewusstseins • Grundlagen von Glück, Erfolg & Liebe
Souverän auftreten & frei sprechen • Stärken erkennen & gezielt nutzen
Wie Sie alles bekommen, was Sie wollen
Gekonntes Gefühlsmanagement, Partnerschaft, Männermotivation
Sich weich durchsetzen • Erfolgsgeheimnisse & Tricks erfolgreicher Frauen

Modernes Beziehungsmanagement:
Gemeinsam noch erfolgreicher!
das 1,5-tägige Intensiv-Seminar:
Geheimnisse glücklicher Paare • Partnerschaft & Karriere • Was Männer brauchen &
Frauen glücklich macht • Überwinden von Krisen & Negativem
Sicherheit & Erfolg durch eine starke Partnerschaft
Unterschiede zwischen Männern und Frauen verstehen und humorvoll meistern
Tipps & Anregungen für eine positive & erfolgreiche Partnerschaft

Das Charisma-Training:
Das Geheimnis positiver Ausstrahlung
Das 2-tägige Intensiv-Seminar:
Die Macht des ersten Eindrucks • Persönliche Wirkungsanalyse • Unbewusste
Wahrnehmungsprozesse erkennen und nutzen • Überzeugen mit Persönlichkeit
Reden lernen wie Obama • Menschenkenntnis & Körpersprache • 7 Schlüssel für mehr
Charisma • Der WOW-Effekt • Emotionale Intelligenz • Symbole & Strategien der Macht
Einfach mehr Charisma